JN097687

地域と世界をつなぐ
SDGsの教育学

Terasaki Satomi
寺崎里水
［編著］

Sakamoto Jun
坂本 旬
［編著］

法政大学出版局

はじめに

坂本　旬

　本書は小学校英語とビデオレターという２つのツールを用いた異文化
理解と交流の教育理論と実践をまとめたものである。これだけならば，と
ても単純な話に聞こえるかもしれないが，この２つの統合をめざすこと
になったのには訳がある。本書に登場する福島県須賀川市立白方小学校は
ESD（持続可能な開発のための教育）を実践するユネスコスクールである。
白方小学校にはビオトープがあり，環境教育に取り組んでいた。しかし，
私たちが出会った当時の校長は子どもたちの学習成果を世界に向けて発信
したいと考えていた。ESD とは世界的な課題を身近な地域から解決でき
る人間を育てることであり，地域の課題と世界の課題を結びつけて考え，
行動する能力の育成が求められている。地域の課題を考える教育はできて
も，それを世界の課題と結びつけることはこれまで困難だった。テレビ電
話会議システムを用いたとしても単発のイベントにしかならなかったから
である。それを可能にした学習がビデオレター実践だった。私たちの研究
はこの実践の成功から始まったのである。
　須賀川市立白方小学校とネパールの小学校との交流が始まったのは
2015 年のことである。白方小学校にユネスコ国内委員会・文科省の助成
金によって購入した真新しいタブレット端末が 10 台やってきたのは同年
7 月半ばのことだった。子どもたちはタブレット端末で映像を撮影する方
法を覚え，いろいろな授業で使うことになった。2 学期になると，学校紹
介ビデオを作り，10 月 24 日の祖父母参観日に上映することになった。
子どもたちはタブレット端末を持ち，学校生活の様子を取材し，一つの作

品に仕上げた。学校紹介ビデオ制作を通して，子どもたちは見事に映像制作をマスターしたのだ。そして，同年11月からネパールのチャンディカデビ小学校との間でビデオレター交換の実践が始まった。この年の4月25日，ネパールで大地震が起き，多くの人が亡くなった。東日本大震災を経験した福島の子どもたちがネパールの大震災を経験した同年代の子どもたちへビデオレターを送ることにしたのである。

　同年11月26日，国際学校建設支援協会の石原ゆり奈氏と武村佳奈氏が白方小学校6年生の子どもたちにネパールのチャンディカデビ小学校を紹介した。子どもたちにとって，ネパールはとても遠い国であった。4月に起こった大地震はニュースで知っていても，同じ年代の子どもたちがどんな生活をしているのか，まったく知らなかった。この授業で初めてネパールの山奥にある小学校の様子を知ることになったのである。そして，子どもたちは遠い国から送られてきた同じ年代の子どもたちの絵を見た。それはたくさんの花の絵だった。

　白方小学校の子どもたちは，学校生活や遊び，給食，掃除の様子や東日本大震災の体験を映像にまとめ，一本のビデオレターにした。年が明けた1月19日，著者と村上郷子は，白方小学校の子どもたちが作ったビデオレターをチャンディカデビ小学校に持って行って見せたのである。チャンディカデビ小学校のあるチャンディカデビ村はカトマンズから車で5時間の山道を登った先にある。チャンディカデビ小学校に着くと，子どもたちが校庭に集まり，私たちを歓迎してくれたのであった。

　この学校には電気はあるが，しばしば停電するという。私たちは電気が使えないことを予想し，プロジェクター用のバッテリーを用意した。チャンディカデビ小学校は，地震によってそれまで使っていた校舎が壊れて使えなくなっていた。2016年に訪れた時は，トタン屋根と竹とムシロで作った簡易校舎や教員室だけしかなかった。そこで小学校1年から5年生までおよそ100人の子どもたちが勉強をしていた。教室が足りない時は外で勉強していた。小さなトタンの教室は子どもたちと先生でいっぱいに

なった。上映が始まると誰もが声を潜め，食い入るようにビデオレターを見た。日本人なら誰でも知っている小学校の日常生活も彼らにとっては初めて見る光景であった。

　日本の子どもたちが遊ぶ様子を見て，同じ遊びがあるときはうれしそうに指をさして声を上げる。しかし，彼らにも分からない場面があった。例えば，ペットボトルのキャップを集める様子は，ネパールの子どもたちには何をやっているのか見当がつかない。翌日，ネパールの子どもたちのためにタブレット端末を３台用意し，基本的な撮影の仕方を教えた。本来は絵コンテを作ってから撮影するのだが，残念ながら時間がなかったため，撮影と編集だけを実施した。子どもたちには何を撮影してもよいと伝え，日本の子どもたちに一番伝えたいことをみんなで相談して決めさせた。子どもたちは話し合いを始めた。彼らが一番伝えたいことは地震で壊れた学校や家の様子であった。テーマが決まると子どもたちはすぐにタブレット端末を持って学校を飛び出していった。子どもたちはさらに村の生活の様子や自分たちの遊びの様子を撮影した。

　また，別の班は日本の子どもたちがビデオレターで紹介した「松ぼっくり」に絵の具で色を付ける様子とまったく同じことをやって撮影したのである。最終日は映像の編集であった。撮影した映像をみんなで見て，３つの班ごとに撮影した映像を使って文章でストーリーをつくる。そのストーリーに合わせて編集を行い，返信のビデオレターを作成した。時間が足りなかったため，十分な編集ができなかったが，最後にみんなで作ったビデオレターを見ることになった。子どもたちは高く掲げたパソコンの画面を真剣に見たのである。ネパールの子どもたちの作った作品には２つの大きなメッセージがあった。一つは震災で壊れた学校や家の様子と震災後の生活の苦労を伝えたいという思いであり，もう一つは白方小学校の子どもたちと一緒に遊びたいという思いであった。白方小学校の子どもたちは彼らの作ったビデオレターからこうしたメッセージを読み解いた。そしてその活動は次の学年へとつながっていった。

2016 年度の交流はアメリカの小学校との交流が中心となった。シカゴ
にあるナマステ・チャータースクールである。白方小学校の子どもたちに
とってアメリカとは歌手や映画俳優そしてハンバーガーやフライドチキン
といった食べ物のイメージであった。ありのままの同年代のアメリカの小
学生とのビデオレターによる交流はこうしたステレオタイプなイメージを
変えることになった。一連のビデオレターの交流では英語が使われた。ア
メリカから届いたビデオレターを理解したいという子どもたちの思いが中
学校の英語教師と ALT を招いた特別授業を実現させたのである。

　アメリカからのビデオレターは英語を理解したいという子どもたちの学
習意欲をもたらした。この経験は，2020 年度から正式な教科として必修
化される小学校英語の新しい可能性を示唆することとなった。2019 年 3
月 2 日に福島大学で第 8 回復興教育シンポジウムが開かれた。シンポジ
ストの一人として元白方小学校（現福島大学付属小学校）の福本拓人教諭
が 2017 年度のネパールとのビデオレター交流実践を報告した。その中で
興味深い経験を紹介している。6 年生が作ったビデオレターを同年 11 月
に開催された ESD 研究発表会で公開したものの，ビデオレターのメッセ
ージがうまく伝わらなかったため，子どもたちは大変落ち込んでしまった
という。しかし，その後再び子どもたちはこれまで作ったビデオレターを
作り直そうと話し合い，完成させることができたという。こうした経験は，
ビデオレターが単なる学習のまとめではなく，他者に向けたメッセージで
あること，そしてそれは試行錯誤を重ねながら，メッセージを届けるため
のスキルを身につけるべきものであることを示している。

　さらに福本は，ビデオレターを送ったことで，子どもたちに世界に向け
た視点が出てきたことや子どもたちが白方地区を自慢に思うようになった
こと，さらにはお米を大切にしようと思ったことを指摘している。そして
そのことに自分が気づいたことが素敵なことだったという。ビデオレター
の制作は，自分自身を振り返ることにつながったのである。この白方小学
校の実践後に行われた研究をまとめたものが本書である。

本書は 4 つのパートに分かれている。一つめの「新たな教育の潮流」では白方小学校の実践が示唆した新たな教育の潮流についてまとめた。本書で紹介する新たな教育潮流の一つが小学校英語（外国語）教育である。文法中心の英語学習ではなく，内容言語統合型学習（CLIL）を紹介し，その重要性を指摘している。もう一つの新たな教育潮流が ESD と SDGs である。ESD は SDGs（持続可能な開発目標）の登場によって，SDGs のための教育へとバージョンアップした。どのように変わったのか，その内容をまとめている。最後に地域教育について，地域という公共空間のなかで地域社会を形成する人材育成の潮流をまとめた。

　2 つめのパートが「教育理論と実践——英語教育編」であり，英語教育の理論と実践の詳細をまとめた。すでに紹介した CLIL と iEARN の実践を紹介する。3 つめのパートが「教育理論と実践——メディア・リテラシーと復興教育編」である。白方小学校のビデオレター実践と福島県広野町のシネリテラシーの実践を紹介している。そしてどちらも東日本大震災と原発事故の影響を受けており，復興教育として進められていることも大きな特徴である。

　最後のパートが「新たな教育理論に向けて」である。「リテラシー概念の伸展」，「国際理解を育む視点」，「メディア・リテラシー教育における『批判的』思考力」，「持続可能な地域のあり方に向けた学校教育」の 4 本の論文を収録した。これらは私たちの研究をさらに進展させるための土台となる理論研究である。ESD は学際的かつ国際的な教育研究が不可欠である。私たちの研究はまだ進行中であり，今後も分野と国境を超えた研究を積み重ねていきたいと考えている。

　なお，序文で紹介した白方小学校の実践はドキュメンタリー「届け！僕たちのエール　福島から世界へ」にまとめられており，以下の QR コードから視聴することができる。

目次

I

新たな教育の潮流

第 1 章

潮　流（1）

小学校外国語教育

坂本ひとみ

教育改革は，社会の時代の要請に基づき行われてきたが，新しい改革の背景には，「子どもたちの生きる力を育み，よりよい未来の担い手を育てる」という考え方がある。とりわけ，英語教育においては，グローバル化の進展が大きく影響を与えている。学習指導要領の変遷を追いながら，新しい教育がめざすものについて考えてみる。

◆キーワード
　英語教育改革，グローバル化，21世紀型教育，生きる力，小学校英語教科化

1 日本における小学校外国語教育の導入

　学校というシステムが国の事業として開始されたのは明治期になってからである。日本の近代化が急務となり，それを担うための教育事業が国に託され，1872年の学制発布により文部省が設置され，国民皆学を目的に中央集権的教育行政が始まった。

　昭和に入り，1945年の終戦後，教育刷新委員会が6/3/3/4制，教育委員会制度などの教育体制実施に踏み切ったが，国家予算がなく危機的な中での9年制義務教育制度の導入となった。1954年から1958年にかけては，中央統制が強化され，もともと手引書であった学習指導要領に法的拘束力が付与されることとなった。1960年に出された文教新政策大綱では，国際競争を勝ち抜くための人的能力の開発がテーマとされ，学習指導要領は知識中心主義となり，教育内容が一挙に増加した。

　1964年の東京オリンピックが契機となり，英会話ブームが起き，その後，国際化の波によって海外との交流が深まり，「実践的コミュニケーション能力」の必要性が強調されるようになった。そのような時代の要求の中で，小学校英語教育が現実的な問題として議論されるようになった。私立小学校においては，明治時代から英語教育を実施してきた学校もあるが，公立小学校での英語教育について国レベルでの本格的な討議が始まったのは1990年代である。そのきっかけとなったのは1984〜1987年，中曽根首相の直属の審議会として設置された臨時教育審議会において「英語教育開始時期について検討する」という答申が出されたことであった。

　その後，1992年に「英語学習を含む国際理解教育」を研究課題とした研究開発学校が指定され，1996年には全都道府県に研究開発学校がおかれた。

　1996年の中央教育審議会の答申においては，国際化に対応する教育の

一環として外国語能力を育てることがうたわれており，その目的として「国際社会において，相手の立場を尊重しつつ，自分の考えや意思を表現できる基礎的な力の育成」がかかげられた。

　このような考えのもと，1998 年に公示され，2002 年度から実施された小学校の学習指導要領に「総合的な学習の時間」が導入され，その柱の一つである国際理解教育の一環として，「外国語会話等を行うこと」が規定された。外国語にふれ，コミュニケーションの楽しさを体験することを通して，多様な文化・言語への興味・関心をつちかい，様々な人と積極的に関わる態度を育てることが，その目的であった。

2 「外国語会話」から「外国語活動」「外国語科」へ

　2001 年度には，文部科学省により『小学校英語活動実践の手引』が出され，2002 年度の調査では，「総合的な学習の時間」で英語活動を実施した小学校は 5 割程度であったが，2007 年度調査では何らかの形で英語活動を実施した学校の割合は 97.1％ にまで達した。

　グローバル化の流れに伴い 1980 年代後半からの課題であった小学校における外国語教育は，およそ 20 年を経て，2008 年公示の学習指導要領において「外国語活動」の新設へと至る。外国語であれば何語でもよいのであるが，実態としてはほぼすべての学校で扱われていたのは英語であった。これは「総合的な学習の時間」とは別に第 5・6 学年で年間 35 時間実施する必修の学びであるが，教科ではなく「道徳」と同じく「領域」として位置づけられ，数値による評価は行わないものであった。2011 年度からの実施を前に 2009 年度から文部科学省作成の共通教材『英語ノート』が配布され，2012 年にはそれが『Hi, friends!』にかわり，日本全国の小学校で使われるようになった。

　2017 年 3 月新学習指導要領公示において，小学校 3・4 年生に「外国

表 1-1　小学校英語教育の変遷

1992 年（平成 4 年）	研究開発学校での英語教育
1996 年（平成 8 年）	「21 世紀を展望した我が国の教育の在り方について」
	国際理解教育の一環としての「総合的な学習の時間」言及
1998 年（平成 10 年）	学習指導要領告示「総合的な学習の時間」が設置される
2002 年（平成 14 年）	「幼稚園・小学校・中学校学習指導要領」実施
2006 年（平成 18 年）	中央教育審議会外国語専門部会「小学校における英語教育について」小学校 5 年生からの必修化方針をまとめる
2008 年（平成 20 年）	「小学校学習指導要領」改訂（2011 年度から施行）
2009 年（平成 21 年）	移行期として小学校第 5・6 学年に「外国語活動」が導入される. 希望する小学校に『英語ノート』を配布
2011 年（平成 23 年）	小学校 5・6 年生を対象に「外国語活動」が必修化・全面実施
2012 年（平成 24 年）	『Hi, friends!』を各校に配布
2013 年（平成 25 年）	「グローバル化に対応した英語教育改革実施計画」の公表「小学校 3・4 年生では活動型週 1〜2 時間，5・6 年生では教科型で週 3 時間程度」という計画が提案される
2014 年（平成 26 年）	「英語教育の在り方に関する有識者会議」設置
	「今後の英語教育の改善・充実方策について：グローバル化に対応した英語教育改革五つの提言」
2016 年（平成 28 年）	「答申」とりまとめ
2017 年（平成 29 年）	「新学習指導要領告示」において，中学年に「外国語活動」年間 35 単位時間程度，高学年に「外国語科」年間 70 単位時間程度が導入される
2018-19 年（平成 30-31 年・令和 1 年）	学習指導要領移行期（中学年で 20 時間程度，高学年で 50 時間程度実施）『Let's Try!』『We Can!』を配布
2020 年（令和 2 年）	日本全国公立小学校中学年で「外国語活動」，高学年で「外国語科」が全面実施される

出典：岡［2020：197］.

語活動」，5・6 年生に「教科」としての「外国語科」が導入されることになり，2018〜19 年の学習指導要領移行期には補助教材『Let's Try!』（小学校 3・4 年生用），『We Can!』（小学校 5・6 年生用）が配布され，ほとんどの学校において，中学年で年間 20 時間程度，高学年で年間 50 時間程度の授業が実施された。そして，2020 年度から，新学習指導要領が完全

実施となり，3・4 年生は年間 35 時間の「外国語活動」，5・6 年生は年間 70 時間の「外国語科」が必修となった。以上の小学校英語教育に関する変遷を表にまとめると，表 1-1 のようになる。

3　学習指導要領に示された外国語教育の目標の変遷

　中学校の「外国語」においては，1977（昭和 52）年度版の学習指導要領よりコミュニケーション重視の姿勢が明確に打ち出されていたが，1998 年度版の指導要領では「実践的コミュニケーション能力」というキャッチフレーズのもと，「言語の使用場面」や「言語のはたらき」が例示され，授業内でのコミュニケーション活動をいっそう促進しようとした。
　学習指導要領改訂の背景にあるのは，「今の子どもたちが社会の第一線に出ていったときに，どういう世界に生きているのか」ということを予測し，その新しい社会を生き抜く力を子どもたちにつけるという考えである。
　「生きる力」という考え方は，1998（平成 10）年度版の学習指導要領のキーフレーズであり，バブル経済崩壊後，伝統的な価値観が揺らぎ学校現場に多くの問題が起きていたことを背景として，知識偏重でない教育への転換を試みた改訂でもあった。英語の授業時数も扱う語数も削減されたため，学力低下を危惧する声が大きくなり，2003 年の部分改訂では，指導要領を超える内容を扱うこともできると書き込まれた。
　そして，2008（平成 20）年度版の指導要領は，いわゆる「ゆとり教育」に対する批判に応えた形で，「確かな学力」をつけることをねらいとした。この指導要領解説の文部科学省ホームページには，次のように書かれていた。「『ゆとり』でも『詰め込み』でもありません。『生きる力』を育てます」。また，この年に公示された小学校の学習指導要領において「領域」としての「外国語活動」が小学校高学年に義務付けられたのであるが，そこにおいては，音声面を中心として，英語による「コミュニケーション能

力の素地」を養い,「積極的にコミュニケーションを図る態度」を育成することが軸となっていた。

中学校では,英語による「コミュニケーション能力の基礎」を育てるのであるから,その前に「素地づくり」をするという論法であり,これがどういう力をさしているのか,教員研修の場ではおおいに議論がかわされた。指導体制の不十分さのため ALT や外部人材に依存する一方で,従来のような知識詰め込み型ではない,小学校ならではの英語教育を模索する動きも始まった。

この学習指導要領が施行されたのは 2011 年 4 月であり,東日本大震災によって大きな被害の出た東北の小学校では,学校運営もままならないところへもってきて,新しい「外国語活動」も必修として実施しなくてはいけないという大変な状況が起きていた。防災教育,減災教育への関心も高まり,「たくましく生き抜く力」の重要性は日本の全国民に痛感されることとなった。小学校から大学に至るまで「キャリア教育」も注目されるキーワードとなり,小学校英語授業においても,文部科学省から配布された 6 年生用テキストの卒業前に学ぶ最後のユニットは,「将来なりたい職業について語る」という内容であった。中学校の英語教科書も,どんなに改訂が加えられても,この内容のユニットがはずされることはない。自分の生きる道について考え,将来の自分のため,そして,自分が生きる未来の世界をよりよいものとするために学ぶという姿勢は,小学校・中学校の英語教育においても意識されているところである。

そのために,検定英語教科書で扱われる内容も,小学校,中学校ともに,地球市民としてよりよい未来の世界を作るために学んでおくべきことがより多く取り上げられるようになってきた。最新の中学校検定英語教科書においては,SDGs を大きく扱っているものもあり,世界の平和,環境,人権,異文化理解,多様な人々との協働についての英文を読み,それについての自分の考えを英語で書き,外国の子どもたちと交流するということをめざしている。

学習指導要領においても，1958（昭和33）年度版では中学英語の言語材料としての音声は「アメリカおよびイギリスの標準的発音」と書かれていたのが，1977（昭和52）年度版では，国際共通語としての英語を意識して「現代の標準的な発音」となり，紹介される文化も，英語圏の国々が多かったのが，もっとグローバルに，アジア，アフリカ，南米なども扱われるようになってきた。それとともに，世界の貧困や飢餓の問題，環境やエネルギーの現状とこれからの課題，地雷や難民など平和に関することなども多く取り上げられるようになっている。

4　新学習指導要領で求められている新しい学び

　2020年4月より施行されている学習指導要領では，急速に変化し続ける予測困難な現代社会を念頭に置き，その中で育つ児童・生徒が，多様な知識や技能を身につけ，それを柔軟に活用しながら学びを深め，結果的に「生きる力」を高めるまでを学校教育の責任として示している。

　2017年7月に出された『小学校学習指導要領（平成29年告示）解説：外国語活動・外国語編』によると，「今回の改訂は，平成28年12月の中央教育審議会答申を踏まえ，①教育基本法，学校教育法などを踏まえ，これまでの我が国の学校教育の実績や蓄積を生かし，子供たちが未来社会を切り拓くための資質・能力を一層確実に育成することを目指すこと。その際，子供たちに求められる資質・能力とは何かを社会と共有し，連携する『社会に開かれた教育課程』を重視すること。②知識及び技能の習得と思考力，判断力，表現力等の育成のバランスを重視する平成20年改訂の学習指導要領の枠組みや教育内容を維持した上で，知識の理解の質を更に高め，確かな学力を育成すること。③先行する特別教科化など道徳教育の充実や体験活動の重視，体育・健康に関する指導の充実により，豊かな心や健やかな体を育成すること」を基本的なねらいとして行ったとされている。

また，「外国語活動」の目標として，「外国語によるコミュニケーションにおける見方・考え方を働かせ，外国語による聞くこと・話すことの言語活動を通して，コミュニケーションを図る素地となる資質・能力を育成することを目指す」ことがかかげられ，高学年の教科としての「外国語」の方では，これをふまえた上で「聞く・話す（やり取りと発表）・読む・書く」の各々について具体的な目標が示されている。

　この指導要領は，「何を教えるか」という教師の側からではなく，子どもたちが「何をどう学び，何ができるようになるか」という視点から作成されており，小学校高学年から高校までを一貫する，段階的な分野別到達目標が設定されたのである。

　また，教育が育むべき3つの資質・能力を重要な3本の柱としている。すなわち，「知識・技能」「思考力・判断力・表現力」「学びに向かう力・人間性など」であり，全教科にわたってこの3本の柱に沿った記述がなされている。

　「何を学ぶか」については，新しい時代に必要となる資質・能力を踏まえた教科・科目等の新設や目標・内容の見直しがされており，それらが明確に構造的に示されている。「どのように学ぶか」については，「主体的・対話的で深い学び」がキーフレーズとなり，児童・生徒が教師の話すことを一方的に受け身的に黙って聞いているだけではなく，主体的に学習に取り組み，参加型であるアクティブ・ラーニングの考え方が強調されている。したがって，子どもたち同士が話し合い，体験し，教え合う活動を授業に取り入れることが重要になる。

　では，具体的にどのような活動を行っていけばいいのであろうか。以下に示す活動は，とくに言語を扱う教科においては，小学校・中学校・高等学校のいずれでも行われる必要がある。2009（平成21）年公示の高等学校学習指導要領にもとづいて，2012（平成24）年に「言語活動の充実に関する指導事例集〜思考力，判断力，表現力等の育成に向けて〜高等学校版」が出され，「新しい学習指導要領では，『生きる力』をはぐくむことを

目指し，基礎的・基本的な知識及び技能を習得させ，これらを活用して課題を解決するために必要な思考力，判断力，表現力等をはぐくむとともに，主体的に学習に取り組む態度を養うため，言語活動を充実する」として，「それぞれの教科等において言語活動を充実する際の基本的な考え方や，言語の役割を踏まえた指導について」の解説と指導事例が紹介された。考えを深める場面では，「ペアで意見を交換する」「ホワイトボードや付箋を使って話し合う」，発表の場面では，「生徒が説明する」「立場を決めて討論する」「制作物を使って発表する（ポスターセッション）」，書く場面では，「レポートや新聞にまとめる」「ICT を活用する」などの例があげられている。中学校の英語教育でディベートが行われ，小学校英語においても制作物を用いてのプレゼンテーションが各ユニットの最終段階で入れられているのはこのような考え方に基づいたものである。

　また，新学習指導要領では，扱われる英語の語彙が大幅にふえたことも重要である。2008 年版では中学は 1,200 語，2009 年版で高等学校は1,800 語で合計 3,000 語であったが，新学習指導要領においては，小学校で 600〜700 語，中学校は 1,600〜1,800 語，高校は 1,800〜2,500 語が扱われ，合計で 4,000〜5,000 語が扱われることとなる。

　扱われる英語のスキルも，小学校中学年では「聞くこと」「話すこと」が中心であるが，高学年では「読むこと」「書くこと」が加わり，①アルファベットの文字や単語などの認識，②国語と英語の音声の違いやそれぞれの特徴への気づきをうながすこと，③語順の違いなど文構造への気づきをうながすことといった内容が新たに加えられている。また，コミュニケーションの技能領域として，今までは 4 つであったが，「話すこと」の領域が「やり取り」と「発表」の 2 領域に分かれ，5 つの領域として記述されることになった。

　これでは児童・生徒の負担が懸念されるが，今までのように語彙は一度教科書で扱ったら覚えなくてはいけないものという考え方から脱して，どのような内容の英語授業をするのが望ましいのかという観点から考え直す

必要がある。これらの語彙は必ずしもすべて暗記するものというよりも，子どもたちの学びを広げるためという考え方も可能である。2008 年版の小学校学習指導要領の中でも，さまざまな他教科の内容と関連付けて英語を扱うということが述べられている。つまり，英語の授業であるから単語や文法を覚えるべきということではなく，さまざまなテーマについて，読んで，聞いて，書いて，話す，ということを行っていくことが提言されているのである。

このような新しい英語教育の流れに呼応して「21 世紀型教育」として近年注目を集めているのが CLIL（Content and Language Integrated Learning：内容言語統合型学習）である。これについては，第Ⅱ部の5章で詳しく述べるが，小学校で教科化される外国語授業にこの学習方法を援用すると，児童が他教科で学び，興味をもった内容の学びを外国語を通してさらに深め，子どもたち同士で話し合いながら自分なりの考えを形成し，それをもっともよく表現できる方法もグループで考えながらポスターなどを作成してクラスで発表したり，ビデオレターにまとめて，外国の子どもとの交流などに発展させていく可能性が見えてくる。

新学習指導要領においては，カリキュラム・マネジメントの必要性も強調されているが，子どもたちがよりよく学び，よりよい未来の担い手となるために必要な資質・能力をはぐくむためには，この観点も重要になってくるであろう。

5　これからの小学校外国語教育の課題と展望

以上，英語教育改革の変遷を簡単に辿ってきたが，2008 年公示の学習指導要領において示された小学校における「外国語活動」必修化全面実施は，グローバル化の影響を受けた大きな改革であった。だが，小学生が外国語を学ぶ意義について，教員たちの合意・納得・十分な準備がないまま

に見切り発車をしてしまった感があることは否めず，小学校英語に批判的な空気は今も完全に払拭されてはいない。

　しかしながら，外国語活動を体験した子どもたちには聞く力がついていること，英語の指示にすぐ反応できることなど，一定の効果が認められるようになってきた。また，平成26年度の文部科学省調査によると，中学1年生になった体験者たちの8割以上が，小学校の「外国語活動」が中学英語に役立っているという肯定的な意見を述べている。が，音声面中心であった小学校英語について，「もっと文字の読み書きも学んでおきたかった」という意見が多数出されたこともあり，今回の新学習指導要領では，小学校高学年で「読むこと」「書くこと」が入ることとなった。学習内容が量的にふえ，高度化することにより，「英語嫌い」の子どもを早期から出す危険性，英語が「できる」子と「できない」子の格差の拡大などが懸念されている。この問題は，学外で英語を習う機会をもてる経済的余裕がある家庭の子どもが有利になるのではないかという経済格差にも通じてくる。

　一方，高学年の児童の知的好奇心に見合う内容を伴い，思考活動や協働学習，異文化理解を重視するCLILを取り入れた英語教育をすることにより，すべての児童が活躍し，自己尊重感を高められる場面を作り出せる授業をデザインすることも可能になる。小中高の各レベルで子どもの発達に合わせた英語教育を行い，意義あるテーマに学習者がスパイラルで何度も出会うことになるような連携カリキュラムを作ることこそが，今回の学習指導要領のめざしているところに到達する可能性を高めることになるのではないだろうか。

　また，移行期に伴う子どもたちの外国語学習時間の年次進行に伴う差異について，中学の英語教員はよく心得ておく必要があるであろう。表1-2を参照すれば，2018年に中学1年になった子どもに比べて，2024年に中学1年になる子どもでは，小学校における外国語学習時間が3倍になるのである。小学校英語教育の新しい流れに呼応して，中学，高校，大学の英語教育もよりよい方向へ変化していくことが求められている。

表 1-2　小学校の外国語学習時間（2018 年度以降）

年度	2018	2019	2020	2021	2022	2023	2024
3 年生	15	15	35	35	35	35	35
4 年生	15	15	35	35	35	35	35
5 年生	50	50	70	70	70	70	70
6 年生	50	50	70	70	70	70	70
中学 1 年生の小学校での外国語学習時間	70	85	100	135	170	190	210

出典：石鍋［2019］.

◆参考文献

石鍋浩［2019］「小中の接続と中学校の役割」東京書籍ホームページ（https://ten.tokyo-shoseki.co.jp/ten_download/2019/2019097197.pdf）.【最終閲覧日は？】

岡秀夫編著［2020］『新・グローバル時代の英語教育』成美堂.

岡秀夫・金森強編著［2016］『小学校外国語活動の進め方』成美堂.

金森強編著［2019］『小学校英語科教育法』成美堂.

文部科学省「学習指導要領解説　外国語活動・外国語編」［2017］（https://www.mext.go.jp/component/a_menu/education/micro_detail/__icsFiles/afieldfile/2019/03/18/1387017_011.pdf）最終閲覧日 2019 年 12 月 30 日.

吉田博彦［2018］「小学校英語教育の理念」『小学校英語指導者資格取得研修講座講義テキスト』アルク.

第2章

潮　流（2）

SDGs のための教育

坂本　旬

　学校教育のみならず企業社会にも大きな影響を与えている SDGs。すでにさまざまな学校や大学，企業での SDGs の取り組みが始まっている。果たして SDGs とはどのようなものだろうか。そして SDGs はこれまで学校教育中心に行われてきた ESD をどのように変えるのだろうか。本章では SDGs の概要と SDGs が ESD に与える影響を中心に解説する。

◆キーワード

　SDGs，ESD，リテラシー，メディア情報リテラシー，ユネスコ

1 ESD と SDGs

　最初に，「持続可能な開発のための教育」（ESD）について，その概要を説明しておきたい。現代世界には環境や貧困，飢饉，福祉，健康，衛生，人権，ジェンダー，平等などさまざまな課題がある。2002年，南アフリカのヨハネスブルグで国連「持続可能な開発に関する世界首脳会議」が開かれ，「持続可能な開発に関するヨハネスブルグ宣言」が採択された。同じ年の12月の国連総会に日本とスウェーデンは2005年から2014年までを「国連 ESD の10年」にすることを共同提案して採択された。これが ESD の始まりである。2014年には「国連 ESD の10年」と同時に「ESD に関するユネスコ世界会議」が名古屋で開かれ，その後を引き継ぐグローバル・アクション・プラン（GAP）が採択された。ESD の目標は，世界的な課題を身近な地域から解決できる人間を育てることである。国連で決定された目標を追求するために，世界中で取り組まれる世界的な教育運動だといえるだろう。

　2000年の国連サミットで制定されたミレニアム開発目標（MDGs）の後を継いで2012年にリオデジャネイロで新しいフレームワークに関する会議が開かれた。その後3年間かけて世界中の調査が行われ，それらが2015年9月の国連総会で「持続可能な開発のための2030アジェンダ」として結実した。そのアジェンダの中心が SDGs，「持続可能な開発目標」であった。SDGs には17の目標とそれらの下位目標にあたる合計169のターゲットがある（図2-1）。

　これらの中に教育に関する目標（目標4）があり，ターゲット4.7には持続可能な開発のための教育（ESD）も含まれている（後述）。

　ESD は教育の課題だが，SDGs は社会全体で取り組むべき課題である。そのため，SDGs に取り組む企業も現れてきた。SDGs を掲げる大学も増

図 2-1　SDGs のロゴとアイコン

出典：国際連合広報センター.

えている。社会的な認知度も大きくなったと言えるだろう。

　SDGs は従来から行われてきた ESD にも大きな影響をもたらした。ESD はユネスコスクールを中心に進められてきたが，その最大の問題は，ESD が一般市民に理解されにくかったことであった。持続可能な開発のための教育と言われても，どんな教育のことなのか理解しにくかったのである。また，ESD には多様な分野があるにも関わらず，環境教育分野に偏っていたことも問題であった。こうした ESD の分かりにくさは SDGs の登場によって，明瞭なものとなった。それは ESD のバージョンアップと言ってもよい。すなわち「SDGs のための教育（Education for SDGs）」である。

2　SDGs のための教育

　ユネスコは 2017 年に報告書「SDGs のための教育：学習目標（Education

for Development Goals: Learning Objectives)」を公刊した。この報告書は
SDGs 時代の新たな ESD の方向性を指し示したものだと言える。なお，
日本語版は 2020 年に公開された［ユネスコ 2020］。

　第 1 に，これまでの ESD はユネスコスクールを中心に実施されてきた
が，新たな ESD は学校教育のみならず，生涯を通じて学ぶ。ユネスコは
次のように指摘している［UNESCO 2017a］。

　　　ESD は質の高い教育と不可分であり，生涯学習の概念に内在している
　　と理解されなければならない。あらゆる教育制度は，すなわち幼稚園か
　　ら高等教育，ノンフォーマル・インフォーマルにいたるまで，持続可能
　　な開発に関する内容を集中的に取り扱い，持続可能な開発コンピテンシ
　　ーを育成する責任があるとみなすことができるし，またそうあるべきで
　　ある。

　第 2 に，求められる能力・態度像の変化である。従来の ESD では，
(1) 批判的に考える力，(2) 未来像を予測して計画を立てる力，(3) 多
面的，総合的に考える力，(4) コミュニケーションを行う力，(5) 他者と
協力する態度，(6) つながりを尊重する態度，(7) 進んで参加する態度
という 7 つの能力・態度の育成が求められた［国立教育政策研究所 2015：4］。
「SDGs のための教育：学習目標」では，これまでの ESD の 7 つの能力と
態度を受け継ぎつつ，新たに 8 つの育成すべき能力（コンピテンシー）を
提示している（表 2-1）。

　7 つの能力・態度の (1) は 8 つのコンピテンシーの (6) にあたる。
同様に (2) は後者の (2)，(3) は後者の (8)，(4) および (5) と (6)
は後者の (5) にあたると言えるだろう。そして (7) は後者の (7) にあ
たると考えられる。一見してわかるように，7 つの能力・態度に比べて，
8 つのコンピテンシーはより具体的かつ複雑である。例えば，前者の「批
判的に考える力」がどのような力なのか，これまで十分に説明されなかっ

表2-1　8つの育成すべき能力（コンピテンシー）

(1) システム思考コンピテンシー

　複雑なシステムを分析し，異なった領域や異なった範囲の中でどのようにシステムを実装するか考え，そして不確実さに対処する能力

(2) 予測的コンピテンシー

　多様で起こりうる，望ましい未来の可能性を理解・評価し，未来に対する自分のビジョンを創造し，不測の事態の予防原則を適用し，行動の結果を評価し，そしてリスクや変化に対応する能力

(3) 規範的コンピテンシー

　行動の根底にある規範や価値観を理解・熟考し，利害の葛藤や二律背反，不確かな知識や矛盾といった文脈から，持続可能性の価値，原理，到達点や目標との調整をする能力

(4) 方略コンピテンシー

　近くでも遠く離れた場所でも持続可能性をいっそう前進させる革新的な行動を協力しながら発展させ，実践する能力

(5) 協働コンピテンシー

　他者から学び，他者が必要とするものや視点，行動を理解・尊重し（エンパシー），他者を理解し，関わり，敏感になり（エンパシー的なリーダーシップ），グループの中の葛藤に対処し，協働参加型の問題解決を促進する能力

(6) クリティカル思考コンピテンシー

　規範や実践，見解に疑問を持ち，自分自身の価値観や知覚，行動を振り返り，そして持続可能性の言説の中に位置づく能力

(7) 自己認識コンピテンシー

　地域や（グローバルな）社会での自分の役割を振り返って考え，継続的に自分の行動の動機を評価して前に進め，自らの気持ちや望みに対処する能力

(8) 統合された問題解決コンピテンシー

　複雑な持続可能性の問題に多様な問題解決の枠組みを適用し，これまでに述べたコンピテンシーを統合しつつ，持続可能な開発を促進する実現可能で，包括的かつ公平な解決策を発展させることのできる包括的能力

出典：UNESCO［2017a：10］から作表．

たが，後者では「規範や実践，見解に疑問を持ち，自分自身の価値観や知覚，行動を振り返り，そして持続可能性の言説の中に位置づく能力」としてより具体的なものとなった。

　また，コンピテンシーとして能力と態度を統合している点も大きく違っている。例えば，「他者と協力する態度」や「つながりを尊重する態度」

図 2-2　ESD の基本的な考え方　　　　図 2-3　ESD による SDGs 教育

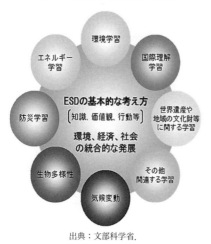

出典：文部科学省.

出典：UNESCO［2017a］.

はまさに態度であるがゆえに，具体的にどんな力を育てればそのような態
度が育つのか曖昧であった。それに対して，協働コンピテンシーはより具
体的であり，他者へのエンパシーや葛藤への対処，協働参加型の問題解決
を目標に置くことが必要であることがわかる。さらに，(1) のシステム思
考コンピテンシーのように，従来の枠組みには入りきらない内容も含まれ
ている。これらは決して認知レベルに留まることなく，他者と協働しなが
ら行動へと結びつくよう必要不可欠な能力像を描いているといえるだろう。
ユネスコはこれらのコンピテンシーを，すべての SDGs に関連する分野
横断的なキー・コンピテンシーと呼んでいる。

　第 3 に，SDGs に対応した学習領域の拡大である。文科省はウェブペー
ジで ESD について，「環境，平和や人権等の ESD の対象となる様々な課
題への取組をベースにしつつ，環境，経済，社会，文化の各側面から学際
的かつ総合的に取り組む」と述べており，従来の ESD の内容が多岐にわ
たっていることを示している。しかし，主として取り上げるテーマを環境
学習，国際理解学習，世界遺産や地域の文化財，気候変動，生物多様性，

防災学習，エネルギー学習およびその他関連学習に限ったため，実態としてみれば，ユネスコ・スクールが取り組む ESD は限られている（図2-2）。

　一方，「SDGs のための教育：学習目標」に掲載されている図は SDGs の 17 の目標そのものであり，すべての目標が学習内容として掲げられている（図2-3）。また，すべての目標に関わる学習内容には，認知，社会―感情，行動領域がある。認知領域は SDGs をよりよく理解し，その達成への挑戦のために必要な知識や思考スキルである。社会―感情領域は，学習者が SDGs を推進するために必要な協働，調停，コミュニケーションを可能にする社会的スキルと，学習者自身が発達するために必要な自己省察スキル，価値観，動機を含んでいる。行動領域はアクション・コンピテンシーと呼びうるものである。

3　ESD による SDGs 学習の実現

　ユネスコは，各国の教育政策と SDGs 政策の一貫性を求め，カリキュラムや教科書への ESD の統合を推進している。それは保育所・幼稚園から専門学校や高等教育機関まで含む。そして，「カリキュラムはすべての子ども・青年が単に基礎的なスキルだけではなく，さらに批判的思考や問題解決，権利擁護，対立解消などの変化に対応するスキルを学ぶことを確実なものにする必要がある。そしてそれは彼らが責任あるグローバル・シティズンになることを支援する」[UNESCO 2014：36]と指摘している。つまり，ESD は SDGs を通してグローバル・シティズンシップ教育につながるのである。

　また，組織全体アプローチ（whole-institution approach）を推奨する。図2-4 は報告書に掲載された組織全体アプローチの略図だが，もともとは 2014 年の万人のための教育（EFA）のグローバル・モニタリング・レポートに「学校全体アプローチ（whole-school approach）」として掲載さ

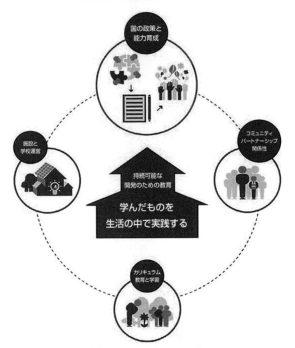

図 2-4　組織全体アプローチ

出典：UNESCO［2017a：53］.

れていたものである［UNESCO 2014：89］。

　組織全体アプローチは学校などの教育組織のすべての領域にサステナビ
リティを取り入れることを目的とする。そのために，教育組織はカリキュ
ラムや学校運営，組織文化，生徒の参画，リーダーシップと運営，地域連
携や研究などを再検討しなければならない。そして組織全体を改革し，学
習者が包括的な方法でサステナビリティの原理を日常の学習活動に活かせ
るようにすることが求められる。

　ESD は個別の教師や実践者のみの努力によって培われるだけではなく，
組織全体の取り組みとして，さらに組織を超えてローカルおよびグローバ
ルな地域社会との連携が求められる。ESD は学校の中だけで完結するの

ではなく，社会全体の取り組みなのである。

4　SDGs とメディア情報リテラシー

　ESD や SDGs を支えるもっとも基本的な能力がリテラシーである（リテラシー概念については第 10 章参照）。ここではメディア情報リテラシー（Media and Information Literacy）を取り上げる。まず，その土台となっている情報リテラシーとメディア・リテラシーについて解説する。情報リテラシーとは個人的，社会的，職業的，教育的な目標を達成するために効果的に情報を探し，評価し，使用し，制作する能力のことである。メディア・リテラシーはメッセージやコンテンツを対象とするが，情報リテラシーは情報を対象とする点に違いがある。ユネスコは 2013 年に「メディア情報リテラシー　政策と方略ガイドライン」と題した報告書を公開している。このガイドラインでは，情報リテラシーとメディア・リテラシーについて，次のようにまとめられている [UNESCO 2013：50]。

　情報リテラシー
　・情報の必要性を明確化・区分化する。
　・情報の場所を特定し，アクセスする。
　・情報を批判的に評価する。
　・情報を組織する。
　・情報を倫理的に利用する。
　・情報を交流する。
　・情報の加工のために ICT を利用する。

　メディア・リテラシー
　・民主主義社会におけるメディアの役割と機能を理解する。

・メディアがその機能を十分に発揮しうる条件を理解する。

・メディア機能の観点からメディア・コンテンツを批判的に評価する。

・自己表現，異文化間対話，民主主義的参加のためにメディアに取り組む。

・ユーザー・コンテンツを創造するのに必要なスキル（ICT を含む）を身につけて用いる。

　情報リテラシーとは，情報を収集・批判的分析・整理・発信する能力のことをいい，情報リテラシー教育の担い手は図書館，とりわけ大学図書館や学校図書館である。そして情報リテラシーは探究学習や生涯学習に欠かせないものだと考えられている。また，情報リテラシーは探究する力である。自分でわからないことや解決したい問題を見つけて，未知の世界から必要な情報を探し，吟味し，レポートや論文にまとめ，それを世界に発信する力である。

　他方，メディア・リテラシーは主として文字以外のメディアを基礎として発展してきた概念である。今日ではソーシャル・メディアも含む。こちらはカルチュラル・スタディーズを土台とした，ジャーナリズムや教育学を土台にしている。もともとユネスコはメディア教育を推進してきた歴史があるが，メディア・リテラシーという呼び方を始めたのは 2007 年に国連事務局直属組織として「国連文明の同盟」（UNAOC）が設立され，4 つの主要な任務のうちの一つとしてメディア・リテラシーの普及がうたわれてからである。

　ユネスコは UNAOC と協力しながら，メディア・リテラシー運動を国際図書館連盟（IFLA）が推進してきた情報リテラシー運動と統合し，2011 年に教職員研修用カリキュラムを作り，世界中に普及させる取り組みをはじめた [UNESCO 2011]。UNAOC がメディア・リテラシーを重視することになった背景には，イラク戦争であらわになった深刻な文化的葛藤があった。世界の平和を実現させるためには，発展途上国でも急速に普及

図 2-5　MIL の諸概念

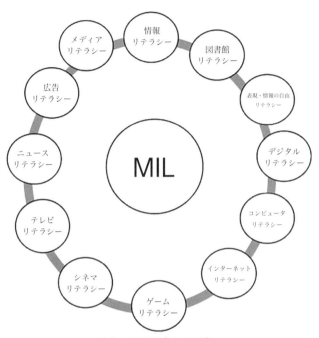

出典：UNESCO［2011：19］．

しつつあるソーシャル・メディアなど，新しいメディアに対応したリテラシー教育が不可欠であること，そしてそのような新しいリテラシーが平和を実現する異文化間対話に欠かせないツールであると考えられたのである。一方，ユネスコは IFLA とともに情報リテラシー教育運動を進めていた。

　ユネスコはこれら 2 つのリテラシーを接合し，さらにニュース・リテラシーやデジタル・リテラシー，コンピュータ・リテラシーなど，関連する他のリテラシーを統合したメディア情報リテラシー（MIL）を提唱した（図 2-5）。これはメディア・リテラシーと情報リテラシーを基礎とした拡張された多元的リテラシーであるといえる。

5　コロナ禍の時代のSDGsとリテラシー

　ユネスコは，すべての人にリテラシーなどの基礎教育を保障するための「万人のための教育（EFA）」プログラムを実施している。リテラシーは人間にとって生きるための基本的な権利であり，「貧困」を克服するための必要不可欠な能力である。また，ユネスコはMILについて次のように指摘する。MILを身につけた市民はメディアや図書館を活用してメッセージや情報を批判的に読み解き，表現の自由を行使し，よりよい政治をつくり出す一方で，メディアや図書館は表現の自由を守り，政治権力を監視する。このようにMILは民主主義に不可欠なリテラシーである。リテラシーからメディア情報リテラシーまで，これらは多元的かつ連続的であり，生きるために不可欠な基礎能力から民主主義的能力まで，すべての人々に不可欠な力であることを確認したい。

　ESDとEFAおよびMILはすべてユネスコのプログラムであり，3つとも教育の目標にSDGs（持続可能な開発目標）がある。教育の土台にEFAとMILがあり，その力を原動力としてESDによってさまざまな地域の課題を学び，地域の発展につながる。さらにそれらをSDGsという世界の課題につなげるのである。

　多元的リテラシーの立場から重要なのはSDGs第4目標「すべての人々に包摂的かつ公平で質の高い教育を提供し，生涯学習の機会を促進する」である。この目標の下に10のターゲットがある。その中でもとりわけターゲット4.6と4.7が重要である。4.6はリテラシーに直接関わる。また，4.7はESD（持続可能な開発目標のための教育）を意味している。

　4.6　2030年までに，すべての若者および成人の大多数（男女ともに）が，読み書き能力および基本的計算能力を身に付けられるようにする。

4.7　2030 年までに，持続可能な開発と持続可能なライフスタイル，人権，ジェンダー平等，平和と非暴力の文化，グローバル市民，および文化的多様性と文化が持続可能な開発にもたらす貢献の理解などの教育を通じて，すべての学習者が持続可能な開発を推進するための知識とスキルを獲得するようにする。

　また，メディア情報リテラシーにとっては，目標 16 のターゲット 16.10 も重要である。これは情報への権利の保障を意味する。

16.10　国内法規および国際協定に従い，情報への公共アクセスを確保し，基本的自由を保障する。

　ユネスコはメディア情報リテラシー（MIL）に「異文化間対話」(Intercultural Dialogue) を接続して「メディア情報リテラシーと異文化間対話」(MILID) と呼び，グローバルに MILID 運動を展開している。この観点から，重要なのは目標 17 である。

目標 17　持続可能な開発に向けて実施手段を強化し，グローバル・パートナーシップを活性化する。

　SDGs にはそれぞれのリテラシーに関わる内容が含まれているが，大事なのは 2017 年の報告書に書かれているように，これらのリテラシーは「SDGs の達成に向けた集団的な取り組み」に必要な基礎となるものという理解である。
　2020 年初頭から始まった世界的なコロナ禍によって，世界的な規模で対面学習が困難となり，オンライン学習のための ICT の活用が不可欠となった。他方で新型コロナウィルス感染症（COVID-19）に関わる偽情報が大量に流通するインフォデミックと呼ばれる状況が問題となっている。

このような状況下でユネスコはさまざまな取り組みを進めている。一つは「COVID-19 レスポンス」である［UNESCO 2020a］。コロナ禍がもたらしたインフォデミックは生命にまで影響をおよぼす。そこで，ユネスコはデマに対するファクトチェックと正確な情報の提供と偽情報を読み解くためのメディア情報リテラシーの喚起を行っている。

　もう一つの特徴的な取り組みは「ネクスト・ノーマル・キャンペーン」である。ユネスコは次のように指摘する。

　　世界がパンデミックから脱却し始めると，私たちは学んだ教訓を忘れ，環境，経済，公衆衛生，そして社会にとって正常であると考えていることの代償を無視して「正常に戻ろう」とする傾向があります。ユネスコは，私たちの「正常」に対する認識に挑戦する世界的なキャンペーンを開始しています。私たちの以前の現実は，もはや普通のものとして受け入れることはできません。今こそ変革の時なのです［UNESCO 2020b］。

　例えば，対面学習が重要だからといって，やむなく始めたオンライン学習は，パンデミックが終了すると同時に捨て去って良いものだろうか。それが正常に戻るという意味だとしたらおそらくそれは間違いであろう。このような「正常」に対する認識自体が問われなければならないはずである。

　コロナ禍は，1人1台の端末環境を実現する「GIGA スクール」構想の重要性を改めて浮き彫りにした。しかし，ICT 環境が整えば問題が解決するわけではない。デジタル機器を使いこなすためのデジタル・リテラシーやインフォデミックに対抗するためのメディア・リテラシー，情報リテラシーなどの多元的リテラシー教育の重要性がますます高まったといえるだろう。コロナ禍への取り組みはまさに持続可能な発達への取り組みであり，SDGs を土台にしているのである。

◆参考文献

UNESCO［2011］Media and information literacy curriculum for teachers（http://www.unesco.org/new/en/communication-and-information/resources/publications-and-communication-materials/publications/full-list/media-and-information-literacy-curriculum-for-teachers/）最終閲覧日 2020 年 11 月 19 日.

UNESCO［2013］Media and Information Literacy - Policy and Strategy Guidelines.

UNESCO［2014］EFA Global Monitoring Report 2013/4 – Teaching and Learning: Achieving quality for all. Paris, UNESCO.

UNESCO［2017a］Education for Development Goals: Learning Objectives（https://unesdoc.unesco.org/ark:/48223/pf0000247444）最終閲覧日 2020 年 7 月 31 日.

UNESCO［2017b］Reading the past, writing the future.

UNESCO［2020a］COVID-19 RESPONSE（https://en.unesco.org/covid19）最終閲覧日 2020 年 7 月 31 日.

UNESCO［2020b］Next Normal Campaign（https://en.unesco.org/campaign/nextnormal）最終閲覧日 2020 年 7 月 31 日.

国立教育政策研究所教育課程研究センター［2015］「『持続可能な開発のための教育（ESD）』はこれからの世界の合い言葉 みんなで取り組む ESD！──持続可能な社会づくりを目指した取組に向けて」.

坂本旬［2014］『メディア情報教育学──異文化対話のリテラシー』法政大学出版局.

坂本旬［2015］「初年次におけるデジタル・ストーリーテリングを用いたキャリア教育実践」『生涯学習とキャリアデザイン』（法政大学キャリアデザイン学会紀要）第 12 巻第 2 号，3–11 ページ.

坂本旬，芳賀瑛［2017］「キャリア教育におけるデジタル・ストーリーテリングの教育的意義──キャリアデザイン学部『キャリアデザイン学入門』の実践から」『生涯学習とキャリアデザイン』（法政大学キャリアデザイン学会紀要）第 14 巻第 2 号，81–92 ページ.

首相官邸［2016］「持続可能な開発目標（SDGs）実施指針」（https://www.kantei.go.jp/jp/singi/sdgs/dai2/siryou1.pdf）最終閲覧日 2020 年 7 月 31 日.

文部科学省［2014］「あいち・なごや宣言」（http://www.esd-jpnatcom.mext.go.jp/conference/result/pdf/Aichi-Nagoya_Declaration_ja.pdf）最終閲覧日

2020 年 7 月 31 日.

文部科学省「ESD（Education for Sustainable Development）」（https://www.
mext.go.jp/unesco/004/1339970.htm）最終閲覧日 2020 年 7 月 31 日.

ユネスコ［2020］『持続可能な開発目標のための教育——学習目標』藤井浩樹・柴
川弘子・大安喜一訳（https://unesdoc.unesco.org/ark:/48223/pf0000374449.
locale=en）最終閲覧日 2020 年 11 月 19 日.

第 3 章

潮　流（3）

自分たちの地域を知る学習活動

寺崎里水

　地域を学習の対象として授業のなかに組み込む教育は，近年の地方創生政策のなかで活発さを増している。郷土教育やふるさと教育などと名前を変えられている教育は，地域社会と学校の連携のあり方の新しいバージョンを模索しているものでもある。よりよい学習活動としてその方法を模索するだけではなく，地域という公共空間のなかで地域社会を形成する人材をどう育成するかという観点からの模索も重要である。

◆キーワード
　地域学習，郷土，地域づくり，公共

1 地域／郷土を知る学習活動の系譜

　地域を学習の対象として授業のなかに組み込む教育の歴史は古い。片岡 [1961] によれば，郷土を教材として取り上げる教育は明治 10 年代に始まった。その背後には直観教材を重視するコメニウスやペスタロッチらの開発教授思想の影響があったという。実践では，学校の周辺の，生徒がよく観察できるようなところにある自然環境を観察する取組がなされた。地理教育の実験の場として，自然と人間活動の関係を具体的に考察する例を郷土に求めたものである。それに対して，昭和初期，経済恐慌を背景にした危機感のなかから，それまでの流れと一線を画す取組として新しい郷土教育の流れがうまれた [松井 1961]。「郷土の問題点に目を向け，たくましい生活意欲を持った人間像を描いた教育運動」[松井 1961：11] であり，恐慌によって疲弊した農村を救済する名目で展開された自力更生運動を背景にしたものである。それまでの流れが地理学的な立場から地理学的基礎を問題とするのに対し，この新しい流れは教育の立場から人間像を問題としたものであると整理されている [松井 1961]。

　戦後の社会科教育のなかで受け継がれたのは，新しいほうの流れであり，郷土そのものを目的とし，問題解決学習の色合いを強くもっていたとされる [松井 1961]。この流れは，一つには教育学者の指導のもと，カリキュラム編成運動としての地域教育計画として展開され [生嶌 2012]，もう一つには無着成恭の「山びこ学校」のような実践として展開していくことになった [松井 1961]。地域教育計画は，のちに「たんに地域課題にとりくむことによって，大きな社会の発展を見失い，地域埋没主義に陥る」などと批判されたが，当時の地方分権の教育のなかで，一定の役割を果たしたと評価されている。

　1960 年代に改訂された学習指導要領で「郷土」という用語は「地域」

に置き換えられ，郷土学習に代わって地域学習という言葉が用いられるようになった。1970 年の文部省『中学校指導書社会編』によると，置き換えられた理由は「郷土」という用語の曖昧さにあり，日本や世界の諸地域とは異なる，生徒が生活する身近な地域を率直に表現する用語として，「地域」という用語が用いられることになった［花輪・西垣 2014］。背景には，高度経済成長によって工業化・都市化が進み，人口移動が増加するなかで，児童にとって「郷土」という言葉がイメージしにくくなったこと，教育内容の現代化が目指され，科学志向の動きが表れるなかで，心情的な意味を含む「郷土」よりも客観性・操作性が強い概念である「地域」が望ましいとされたことなどがあげられる［花輪・西垣 2014］。花輪・西垣は学習指導要領が法的拘束力を持ち始めた 1958 年以降から 2008 年改訂までの幼稚園，小学校，中学校，高等学校の学習指導要領について，「地域」と「郷土」の出現数を調べた。結果，今日では「地域」は多くの教科で用いられているが，「郷土」は道徳，音楽，芸術などの限られた教科にしか用いられていないこと，「郷土」を使用する場面では民謡や料理，工芸，地史などの「民族という人間集団がもつ音感覚・味感覚・場所感覚といった『我々の感覚』の伝承が期待されていること」［花輪・西垣 2014：2503］を明らかにしている。

　「郷土」という用語が，客観性を重視する科目ではなく，相対的に価値観や態度形成に関わる科目で用いられるようになったことは着目に値する。「伝統と文化を尊重し，それらをはぐくんできた我が国と郷土を愛する態度を養うとともに，進んで外国の文化の理解を通じて，他国を尊重し，国際社会の平和と発展に寄与する態度を養うこと」（学校教育法第 21 条第 3号）という表現に端的に表れているように，特定の集団，コミュニティがもつ「我々の感覚」の伝承と，それに向きあう特定の態度形成が期待されるようになったからである。1998 年学習指導要領で総合的な学習の時間が設けられて以来，学校教育のなかでは地域の題材や課題を主題とした地域学習の実践が多くなされている。「郷土学習」や「ふるさと学習」と名

づけられた実践のなかには，教科の垣根を超えた総合的な学習というよりも，特定地域の活性化と密接に結びつけられ，地域コミュニティに対する一定の態度形成を強く促したり，児童生徒に対して将来的な地域残留やUターン就職を働きかけたりするものが出てきている。したがって，地域／郷土を知る学習活動においては，地域社会と学校との関係のあり方（ハード面）と，特定の集団やコミュニティに対する態度形成とより開かれた市民性の形成の接合（ソフト面）について考える必要がある。

2　地域社会と学校の関係の変遷

では，地域社会と学校がどのような関係を築いてきたのか，学校の学習活動を支持するネットワークについて見ていこう。本節では，主に小内［2006］に依拠しながら，地域社会と学校の関係の変遷をみる。

（1）　社会資本としての学校

小内［2006］によれば，明治に入り学制が敷かれるまで，「むら」と呼ばれる村落共同体は，子どもの教育に対して一定の役割と責任を果たしていた。さまざまな通過儀礼や「ゆい」「溝さらい」などの習俗，子ども組や若者組などの年齢階梯別集団が，共同体のルールや地域文化を継承するうえでの教育機能を果たしていたのである。1879年の教育令は，こういった地域社会の生活現実を考慮し，それを基盤にするかたちで学校の設置や維持を進めたとされる。その結果，学校の意義が地域社会に浸透し，学校は地域によって支えられ，地域に進んだ文化を伝達する文化センターとなっていった。

第二次世界大戦後，戦後改革によって寄生地主制度が崩壊し，自作農体制が確立したものの，自作農の経営規模が零細だったために，地域の人た

ちは協力し合わなければ生きていけなかった。また，公選制の教育委員会制度の導入や，地域教育計画の策定といった教育の地方分権化政策によって，学校は地域社会との結びつきをそれまで以上に強めた。こうして地域の共同体的な性格は残存し，そういう地域では，学校と地域社会との結びつきがそれまで以上に強まっていくことになった［小内 2006］。その様子について若林［2008］は，「明治以来，全国津々に建設され，最も普遍的にしてかつ質の高い社会資本としての学校施設，しかもそれは人的教育組織もかかえ，日本人にとって地域社会としてそこに生きる人々をつなぐ“心の糸”になるシンボル的意義をもっている」［若林 2008：39］と表現している。

(2)　乖離する地域社会と学校

　再び小内［2006］に依拠し，地域社会と学校の関係の変化について見ていく。高度経済成長期，教育政策は中央集権的な政策へと大きく舵を切った。教育委員会の公選制が首長による任命制に変わり，学習指導要領が法的拘束力をもつ全国一律の基準になった。つまり，地域によらず，学校教育のあり方が全国一律の形に規制されるようになったのである。そのなかで，地域教育計画策定の動きは弱まっていった。おりからの人口移動の高まりも，地域社会の共同性を弱めた。進学や就職の際に都市部に移動することを前提に，学校教育は地域の特性を考慮しないものになった。「学校は地域社会とは無関係に，人々に全国共通の教育内容を提供するとともに，義務教育以降の上級学校へ地域社会の子どもを送り出す役割を次第に強めていった」［小内 2006：102］のである。

　1990 年代，学校選択制の登場と高校学区制の廃止により，学校と地域社会の乖離はよりいっそう深まっていくことになった［小内 2006］。その背景には，1980 年代から始まった行財政改革・規制緩和の流れのなかで，通学区を指定することが「消費者」としての親の学校選択の自由を制約す

ることになるという考え方が強まったことがある。大都市圏で私立の小中学校が増え、公立小中学校の存立が危うくなったこともまた、この考え方を後押しした。小内はこの状況について、「学校を支えていた地域社会それ自体が自らの共同性を解体させ、学校の支え手としての力を衰退させてきたことが学校を自由に選択できるという感覚を生み出す一因になっている」[小内 2006：110] と述べている。

（3） 乖離から連携への模索

　その一方で、同じ時代、学校と地域の連携を強化しようとする流れもうまれた [小内 2006]。1995 年に経済同友会によって提案された学校スリム化論と、1997 年に中央教育審議会の答申によって示された地域・家庭・学校の連携論がその根拠である。社会に開かれた教育課程という観点から一連の政策を整理した田中・河西 [2019] は、1987 年の臨時教育審議会の第 3 次答申に「家庭や地域社会との連携を深め、家庭や地域社会とともに子どもを育成する開かれた学校」という文言があることから、学校と地域の連携を強めようとする動きは 1980 年代から見られたと主張している。

　経済同友会の学校スリム化論では、学校の機能を整理し、学校以外の専門家や地域の人にその一部を担わせることが主張された。小内 [2006] はこの議論が地域社会の人材を利用しながら教育活動を作りあげようとしている点で、学校と地域の連携に結びつく可能性を持っていたと評価している。また、中教審の地域・家庭・学校の連携論では「地域住民の学校運営への参画」「地域コミュニティの拠点としての学校等の活用」「地域に開かれた特色ある学校づくり」「自主的・自律的な学校運営」などが主張され、これも学校と地域との連携をめざしたものと位置づけられる。しかし、実際には、この時期、地域社会や家族の共同性は失われており、学校の仕事の一部が地域や家庭に移譲されたとしても、それを受け止める力は地域社会にはなかったといわれる [小内 2006]。

地域社会の力を回復し，学校との連携を強めようとする動きは，2000年代に入って，より活発になった。田中・河西［2019］の整理によれば，地域に開かれた特色ある学校づくりのために学校評議員制度等の導入が図られ（2000年1月28日学校教育法施行規則一部改正），学校運営協議会（コミュニティ・スクール）も導入された（2004年地域教育行政法一部改正）。2008年の「教育振興基本計画」(7月1日閣議決定) では「社会全体で教育の向上に取り組む」方針が示され，学校と地域の関係を支えている。

　1990年代に芽生えた地域社会と学校を一方で乖離させ，他方で連携させていくという，相反する動きは，今日，大都市と地方との格差の構造を読み込みながら，その傾向をより鮮明にしているように見える。大都市圏を中心に学校を「消費者」として選択する傾向はますます強まり，学校と地域社会の乖離は進む一方である。他方，地方都市や中山間地域では，人口減少を背景に，学校と地域社会の新しい関係の模索が進んでいる。

3　態度形成としての地域を知る活動

　地域社会にとって，地域から人がいなくなり，統廃合で学校がなくなるということは，地域社会の衰退を象徴する［小内 2006］。それだけではなく，「地域のシンボルの学校に対する人々の感情は強く，廃校は建物が消えるという以上に，目に見えない心理的な影響を住民に与える。子供の教育さえできなくなった，もう何をやってもだめだ——あきらめの気持から地域から去る人が増える」［若林 2008：40］というように，過疎化の悪循環を生み出すものでもある。2010年代に入って，過疎地域を中心に，学校を中心とした地域づくりの動きが活発になっているのは，地域の人々の学校に対するこういった思いがあるからであろう。学校と地域を，活性化ということばでつなげる活動において重視されているのは，地域を知る学習活動としての「地域学習」／「郷土学習」である。

こういった学習活動の例として，島根県の高校魅力化プロジェクトに着目したい。島根県は日本の中山間地域における少子高齢化問題・過疎化問題の先行地域として位置付けられ，それらに関連する社会問題の取組みの先進事例として注目を集めている。島根県の高校魅力化プロジェクト（「離島・中山間地域の高校魅力化・活性化事業」）は2011年度に中山間地域の小規模校を対象としてスタートした。その意図するところは，①「生きる力」を育む魅力ある高校と地域づくりの推進，②生徒自らが選び，学び，夢を叶える高校づくりの推進，③将来を見通した教育環境の整備の3点である（「県立高校魅力化ビジョン」平成31年2月）。とりわけ，①では地域協働スクールの実現や地域資源を活用した特色ある教育課程の構築が目指され，学校と生徒・保護者，市町村，小中学校，地域住民などが参画し，高校魅力化コンソーシアムを構築し，地域課題解決型学習に取り組むことが求められている。

　そして，強調されているのは，生徒だけでなく，学校を支える地域社会の人びとにとっても魅力ある高校となること，地域それぞれの魅力や教育資源を活かす，地域社会に開かれた高校づくりであること，そういった観点から高校のあり方が地域ごとに異なっていてもよいこと，生徒一人ひとりの「生きる力」を育むだけでなく，学習を通して地域で「学びたい」「生きたい」「子どもを育てたい」と思うような地域づくりを推進することである。従来のように都市部で活躍する人材の育成をゴールとするのではなく，地域の魅力を知る学習活動を通して，地域を活性化させる地域人材を育成することがゴールとされる点が，取組みの新しい点といえよう。

　県西部の鹿足郡吉賀町にある県立吉賀高等学校では，総合的な学習の時間を中心に，キャリア教育として「サクラマス・ドリーム・プログラム（SDP）」を2011年から行っている。「アントレプレナーシップ教育」をテーマに，1年を課題発見期，2年を課題解決期，3年を課題発展期とし，3年間，吉賀町をフィールドとして，徹底して地域を知る学習活動を行う［学校案内 2020］。生まれた川から海に下って成長し，再び生まれた川へ戻

ってくるサクラマスの名を冠した SDP は，一度，地域の外に出て，戻っ
てきた人が「地域内よそ者」となって地域に貢献することを期待している
点で，"生まれ育った地域でのキャリア形成を考えさせるキャリア教育"
としての地域を知る学習活動とは異なっている。また，町外に出ることが，
必ずしも高等教育への進学でなくても構わないと考えている点でも，他の
学校での実践とは異なる。SDP は地域と連携した学習や体験をもとにした，
「いつの日かふるさと吉賀町を支える人材の育成をめざした取り組みであ
り，『社会の中で自分の役割を果たしながら，自分らしい生き方を実現す
る力をつけるためのキャリア教育』」[樋田・樋田 2018：95] なのである。

4　地域社会の形成者を育む地域を知る活動

　さて，第1節で，地域を知る学習活動のなかには，特定地域の活性化
と密接に結びつけられ，地域コミュニティに対する一定の態度形成を強く
促すものが出てきており，特定の集団やコミュニティに対する態度形成と
より開かれた市民性の形成の接合について考える必要があると述べた。こ
の点に関して，教育学の領域ではパブリックな領域での分権化が進むなか，
地域コミュニティの再構築や民衆自治の確立に取り組む「地球市民」[石
井 2015] の育成が喫緊の課題とされてきた。また，第2節の (2) でみた
ように，1990 年代に顕著になった教育の私事化・市場化といった現象に
対して，公教育が果たして来た公共的な役割が失われていくことにも多く
の研究者が懸念を示してきた。
　たとえば苅谷ほか [2007] は，「教育を通じて知識や技術，学歴といっ
た資源を獲得することが，個人の社会経済的地位の上昇には役立つものの，
社会の個人化を推し進めるばかりで，社会の共通性（commonality）や連
帯を突き崩していく」[苅谷ほか 2007：52] と述べ，社会的な貢献意識を培
おうとする学校の活動が一部で見られることなどを指摘し，地方都市の公

立高校生の地域移動に対する意識の変化を読み取ろうとしている。しかし，「教育達成が，私的・個人的な利益をもたらすものとして追求されるのか，それとも，公的・社会的な貢献をめざすものとして追求されるのか」［苅谷ほか 2007：53］という重大な問いを投げかけながらも，その関心は進学校に通う「エリート予備軍」の地域移動観のみに向けられており，十分な答えを議論することはできていない。また，生嶌［2012］は，学校の活性化と地域の活性化を連接する学校づくりについて，学習主題として郷土を学ぶことにとどまらない，地域社会の形成者としての児童生徒の視点となった授業づくり，学校づくりが必要だと主張する。

　つまり重要なことは，地域を知る学習活動において目指されるべきは，「我々の感覚」の伝承とそれに向きあう特定の態度形成を促す「郷土教育」ではなく，地域社会の公共性や連帯性を踏まえた，地域社会の形成に主体的に関わる個人を形成するための活動だということである。果たしてそれはどのようになされるべきなのだろうか。

　この点について，社会教育学者の佐藤［2015］の指摘が一定の示唆を与える。佐藤は，近年，災害や感染症の広がり等を受け，国際的にも国内的にも，「地域力の向上 (community capacity building)」に向けた課題解決的な学習のニーズが高まっていると述べている。そして，その学習は，これまでの社会のあり方を前提として，そのなかでただ生存するためにあるものではなく，地域社会の実態にねざし，地域の主体性，自立性にもとづく「人間性の復興」と持続可能な地域のあり方を探究するものでなければならないと主張する［佐藤 2015：3］。佐藤のいう「地域力の向上」は，OECD のレポートに基づくもので，「貧困な人々がスキル，コンピテンシー，知識，組織，力量を獲得し，コミュニティ及びより広い社会の一員としていっそう参加し，自分の生活やコミュニティへのより大きなコントロールを行使しうるようにすること」と定義される［佐藤 2015：14］。

　佐藤の指摘は，教育達成が私的・個人的な利益をもたらすものとして追求されるのか，それとも公的・社会的な貢献をめざすものとして追求され

るのかという苅谷ほか［2007］の二項対立的な問いが，互いに矛盾なく成立しうる問いであることを示している。むしろ，これらが対立するようなあり方を前提としてきたこれまでの社会が，農村部の人口減少と都市への人口集中をうみだし，互いにとって，持続不可能な状況を作り出したといえよう。今，求められる「地域力の向上」とは，そうした社会のあり方を根本から考え直し，自分の生活を立て直すための力を人々が獲得することに他ならない。そうしないことには，地域が大事にしてきた「我々の感覚」の伝承もままならないからである。個人の私的・個人的な利益を追求することと，地域社会の大切にしてきた「我々の感覚」の伝承とをいかに両立することができるのか，そのための「郷土教育」の新しいあり方を模索する必要があるだろう。

　そのように考えると，昭和の初期の郷土教育が持っていた，「郷土の問題点に目を向け，たくましい生活意欲を持った人間像を描いた教育運動」［松井 1961：11］としての意義について，今一度捉え直すことには一定の価値があるだろう。同様に，地域課題にとりくむことによって，大きな社会の発展を見失い，地域埋没主義に陥ってしまった地域教育計画についても，その点への反省を踏まえながら，今日的なバージョンを模索する価値があるといえよう。

◆参考文献

石井英真［2015］『今求められる学力と学びとは──コンピテンシー・ベースのカリキュラムの光と影』日本標準.

小内透［2006］「変わる学校と地域社会の関係」大久保武・中西典子編『地域社会へのまなざし──いま問われているもの』文化書房博文社，98-116 ページ.

片岡佑［1961］「郷土学習及び郷土の範囲の歴史的展望」『地理学報告』第 18 巻，愛知学芸大学地理学会，13-18 ページ.

苅谷剛彦・安藤理・有海拓巳・井上公人・高橋渉・平木耕平・漆山綾香・中西啓喜・日下田岳史［2007］「地方公立進学校におけるエリート再生の研究」『東京大学大学院教育学研究科紀要』第 47 巻，51-86 ページ.

佐藤一子［2015］「序章　地域学習の思想と方法」佐藤一子編『地域学習の創造
　　──地域再生への学びを拓く』東京大学出版会，1-23 ページ．

島根県教育委員会［2019］『県立高校魅力化ビジョン（平成 31 年 2 月）』(https://
　　www.pref.shimane.lg.jp/gakkokikaku/saihen/keikaku.data/
　　miryokukavisionsaisyu.pdf) 最終閲覧日 2020 年 10 月 1 日．

島根県立吉賀高等学校［2020］『島根県立吉賀高等学校　学校案内 2020』(http://
　　www.yoshika.ed.jp/files/original/20190619183703452ffdd2660.pdf) 最終閲
　　覧日 2020 年 10 月 1 日．

生嶌亜樹子［2012］「Ⅲ．郷土学習と地域の活性化──飛驒高山・朝日学区を事
　　例として」『日本学習社会学会年報』第 8 号，14-17 ページ．

田中謙・河西安奈［2019］「社会に開かれた教育課程における地域学習に関する
　　事例研究──教育政策の動向とカリキュラム・マネジメントの特質」『山梨県立
　　大学人間福祉学部紀要』第 14 号，36-48 ページ．

花輪由樹・西垣安比古［2014］「学習指導要領における『郷土』から『地域』へ
　　の変遷に関する考察──昭和 40 年代に存在し続けた『郷土』への着目」『日本
　　建築学会計画系論文集』第 79 巻第 705 号，2497-2505 ページ．

樋田大二郎・樋田有一郎［2018］『人口減少社会と高校魅力化プロジェクト』明
　　石書店．

藤田英典［1997］『教育改革──共生時代の学校づくり』岩波新書 511．

松井貞雄［1961］「郷土学習の立場──基礎学習か問題学習か」『地理学報告』第
　　18 巻，愛知学芸大学地理学会，10-13 ページ．

若林敬子［2008］「学校統廃合と人口問題」日本教育社会学会編『教育社会学研
　　究　第 82 集』東洋館出版社，27-42 ページ．

II

教育理論と実践

英語教育編

第4章

小学校外国語教育の教育学的理論

坂本ひとみ

　小学校英語は，子どもたちが初めて外国語と出会う大切な役割を担うものである。この学びが小学校の教育全体がめざす「育てたい子ども像」に合ったものであり，中学・高校・大学での学びの基礎を作り，未来の世界をよりよいものとするために生涯学び続ける地球市民の育成に貢献するものとなるよう，重要なポイントをおさえておきたい。

◆キーワード
　WTC，異文化間コミュニケーション能力（ICC），CLIL，ESD，PBL，協働学習，多重知能理論

1　日本の小学生を対象とした WTC 研究

WTC（Willingness to Communicate）は，MacIntyre らの定義によると，「第二言語を用いて，特定の状況において，特定の人や人たちとの会話に参加する意思」[MacIntyre et al. 1998 : 547] であり，彼らは言語の使用場面を意識した学習者の内的要因モデルをピラミッド型の概念図で表した。そこには，第二言語コミュニケーションにおける個人差の要因として複雑に影響し合っている情意要因や社会状況などの様々な変数が組み込まれている。

Yashima [2002] はこれを日本における英語学習のコンテクストにあてはめ，関連要因を操作的に定義し，測定が可能になるよう整理し，Yashima WTC モデルを提示した。「世界と関わりを持つ自己」の概念と関連するものとして「国際的志向性」という概念を提案し，WTC に影響を与えるもう一つの要因を「第二言語によるコミュニケーションの自信」とした。

また，Nishida and Yashima [2009] は日本の小学生を対象とした WTC 研究を実施し，児童の発達段階を考慮して，教室の雰囲気という英語学習環境と外向性という性格傾向を周辺要因に加えた。さらに物井 [2015] はこの研究をもとに児童の WTC モデル構築のための質問紙調査を行い，小学生においては，高校生や大学生以上に，国際的志向性が WTC の向上に直接効果をもたらし，不可欠な要素であると結論づけた。また，Nishida [2013] は，小学校高学年の英語活動において子どもたちの WTC やモチベーションを高めるには，他教科と関連させたプロジェクト型学習が有効であることを論じている。

坂本・滝沢 [2016] は，2011 年の東日本大震災後，トルコの小学 5 年生から送られてきた簡単な英語による励ましの絵手紙 90 通をオーセンテ

ィックな教材として，「福島・トルコ交流プロジェクト」を開始し，南相馬の小学校の高学年児童 60 名を対象とした訪問授業を 6 回実施し，その結果を子どもたちの振り返りカードの分析を中心として論文にまとめた。

　最初は，質問紙調査において，「英語によるコミュニケーションについて自信がある」と回答した児童は 35% であったが，1 年半にわたるプロジェクトの最後の時期である小学校卒業直前の質問紙調査ではそれが 65% に上がっていた。英語教育において学習者の不安要因を取り除くことは重要な側面をなすが，この不安を感じていた子どもを半分に減らせたことは大きな成果であった。後述する CLIL を用いて，英語授業の内容に重きを置いた指導案を作成し，「地球市民として大事な環境メッセージをトルコの子どもたちに伝えよう」という授業目標を子どもたちが共有し，ビデオレター作成のために英語の発表練習をたくさんしたことが自信につながった。また，子どもたちが送ったビデオレターに対して，小学校卒業直前にトルコからお返しのビデオレターが届き，それを見た子どもたちからは「中学に入っても英語をがんばりたい」などの前向きなコメントが寄せられた。

　小学校英語の意義について，松川 [2000] は，「実際に外国語を使うことにより，多くの異なる国の人々と一緒に何かを体験し，交流することの可能性を知ることにある」と述べている。また，萬屋 [2012] は，「外国の人と外国語で通じ合えるのだという信念や自信がめばえるような『原体験』を考えることは，小学校で外国語活動を担当する教師の大切な使命」であると説いている。

2　異文化間コミュニケーション能力（ICC）

　このように考えを進めていくと，グローバル化する現代社会において英語教育がめざすべき方向は，「異文化間コミュニケーション能力：ICC

(Intercultural communicative competence)」の育成ということになる［八島 2004］。安達［2019］は「異文化理解教育は，英語教育の付随的なものと思う人もいるだろう。しかし本当は，異文化理解教育こそ英語教育の根幹になると言える」［安達 2019：164］と述べている。

中央教育審議会の第一次答申「21 世紀を展望した我が国の教育の在り方について」の第 3 部［文部科学省 1996］においても，国際化の進展に伴い以下のような教育を進めることが記述されている。

(a) 広い視野を持ち，異文化を理解するとともにこれを尊重する態度や異なる文化を持った人々と共に生きていく資質や能力の育成を図ること。

(b) 国際理解のためにも，日本人として，また，個人としての自己の確立を図ること。

(c) 国際社会において，相手の立場を尊重しつつ，自分の考えや意思を表現できる基礎的な力を育成する観点から，外国語能力の基礎や表現力等のコミュニケーション能力の育成を図ること。

ICC とは，Byram［1987］によれば，「態度 attitudes（自己と他者を客観的に見ることができる，好奇心やオープンネスをもつ）」，「知識 knowledge（自分や相手の国の文化や相互交流についての知識）」，2 つの「技能 skills（解釈・関係性を見出す技能と発見・相互交流する技能）」の 4 要素と「教育 education（クリティカルな文化意識や政治教育）」から構成されている。グローバル・ランゲージとしての英語を教えるときの目標は，もはやネイティブに近づく英語力ではなく，相手を理解するためのやさしさ，思いやり，想像力，創造力，相手が大事にしている価値観を知りリスペクトするための学び，相手のために何かをする行動力，正義感，勇気を育む教育となり，そのために必要な英語のスキルを身に着けることが必要となる［Byram & Fleming 1998］。

安達［2019］は，外国語学習初期段階では，ICC の前提となる態度をどのように育成するかが鍵となると述べている。バイラム［2015］も「他の

文化に対する開放性と好奇心に満ちた態度は，小学校において扱う方が，それ以降よりも導入しやすい」と述べているが，先にあげた福島の子どもたちを対象とした実践においても，「海外の文化や人々に興味があるか」という質問紙調査の問いには，最初から 83% の児童が肯定的な回答をしており，プロジェクト終了時にはこれが 92% となったことから，バイラムの考えには蓋然性があると考えられる。

3　CLIL

　上記の考えに基づいた外国語教育をするのに適した方法として，CLIL について述べていく。これは，Content and Language Integrated Learning（内容言語統合型学習）といい，1980 年代頃よりヨーロッパから広がり始めた学習方法である。CLIL にはその中核をなす「4 つの C」があり，それは，「Content 内容」，「Communication 言語」，「Cognition 思考」，「Community または Culture 協学または異文化理解」であり，教える内容としては，他教科で母語を通してすでに学んだことを取り上げることも多く，一人の担任教員がほぼすべての科目を教える小学校における英語教育に適した方法であるといえる。

　CLIL 授業案においては，学習内容の目標と学習言語の目標の両方がたてられ，内容と言語を統合しながら学習者の認知を高め，文化への気づきをもたらし，協働の学びを取り入れ，言語を習得し，彼らの思考を深めていくことをめざす。

　筆者は 2016 年 2 月から 3 月にかけて，都内の公立小学校 6 年生 3 クラスを対象に，「シリアの子どもたちの声を聞こう！」というテーマの CLIL 授業を 4 回にわたって実施した。筆者は指導案作成と授業観察を行い，担任教員と ALT が授業を担当した。テーマは担任教員と筆者で話し合い，当時問題になっていたシリア難民のことを取り上げることにした。

担任教員は，国語，社会，道徳，総合などの他教科の時間を使ってこのテーマについて子どもたちにこの問題に関する基礎知識を教え，4回の外国語活動に際しては，毎回のキーワードを1つ決めて黒板に貼り，それが内容と言語を統合するものとなっていた。1回目授業のキーワードは"know"であり，シリア難民の子どもたちが置かれている状況について，英語を通して「知る」ということであった。筆者は，トルコの海岸に遺体となって流れ着いた3歳のシリアの男児の写真を冒頭に出して，"What do you know?"と子どもたちに問いかけるところから始まる指導案を作成した。その後，この男児がどうしてそのような状況に至ったかを簡単な英語の紙芝居にして子どもたちに伝え，グループごとに，その紙芝居を小さなカードにしたものを使ってストーリーを再構成してもらい，一枚一枚の絵について何が起きたかを簡単な英語で理解できるようにした。その日の振り返りカードの自由記述には，「今まで友だちに『死ね！』などという言葉を簡単に言っていたが，dead という言葉が心に刺さり，もう『死ね』などということはいわないようにしようと思った」というものがあった。また，一見難しく思える refugee（難民）という単語も，子どもたちはあっという間に理解して，覚えてしまっていたのも印象的であった。

　第2回授業では，筆者がユニセフハウスで資料を集めてきたシリアの子どもたちの写真と現在の暮らしと将来の夢をそれぞれのストーリーとして取り上げ，この子たちができること，できないことを自分と比べて表現する"can"，"can't"のワークシートを作成してペアで互いに尋ね合いながら，ロールプレイもとりいれて，シリアの子どもの大変さに共感を抱くようにした。

　第3回授業のキーワードは，UNICEF であった。この6年生たちが中心となって1学期にユニセフの募金活動をしたのだが，そのときに集まった募金がシリアの子どもたちに越冬用の服を支給することにつながっていることがわかり，6年生たちは納得の表情をうかべていた。ICT も活用し，ユニセフのサイトにあるシリアの同年齢の子どものビデオを見せたり，

彼らに応援メッセージを伝えるページにパソコンを使って英語メッセージをアップすることも行った。文部科学省作成の英語テキスト『Hi, friends!』で習う英語表現 "Be strong!" などを使うことができた。

　第4回は，グループごとにシリアの子どもたちを励ますメッセージを考えて協働作業で英語のポスターを作成し，クラスで発表をした。英語塾に通っていて，英語力が高い女子も，このグループごとの学びが楽しかったということで，最終的な授業評価は「やってよかった」に変化した。また，通常の「外国語活動」ではこの児童にとって新しい単語はほぼ出てこないが，この難民の授業では，新たな単語も学ぶことができた。一方，英語が苦手で，最初の振り返りカードにはすべての項目について「わかんない」と書いていた児童も，最終回には「がんばったこと」に対して「英語」と書いていた。「この学習をしてよかった」という項目における3クラスの子どもたちの最終的なポジティブ評価はすべてのクラスで90%を超えた。このような両極の児童をまきこめる力をもった CLIL 授業は，様々な能力や関心をもった子どもたちが存在する公立小学校において有効性が見出せる授業方法であり，小学校高学年の子どもたちの「外国語」の学びの質を高め，彼らの心と頭に残る授業を展開できる可能性を示唆している。

　また，子どもたちが英語をアウトプットする機会も多く入れ，主体的な参加型の授業にもなっていた。ペアやグループでの活動により，対話的な学びも起きていたといえる。その知的関心に合った内容を持つ外国語教育をしておくことにより，子どもたちが中学・高校に進んでからも外国語を学ぶ意義を心で実感し，世界とつながる力，人とつながる力をつけるための外国語習得に努める動機づけになることであろう。これは新学習指導要領の「学びに向かう態度・人間性等」という観点にも沿ったものとなる。CLIL の4つの C を意識した指導案を作成すると，新学習指導要領の3観点もうまくカバーしたものとなっている。

　他教科で学んだ内容を外国語を通して，また新たな角度から見直し，考

表 4-1 「シリアの子どもたちの声を聞こう！」CLIL シラバス

時限 4Cs	1st CLIL lesson	2nd CLIL lesson	3rd CLIL lesson	4th CLIL lesson
Content 内容	シリアの難民について知り，命を落とす子どもも大勢いることを理解しようとする	シリア難民の子ども各々の生活や夢を知り，その子の立場に自分を置いて考えてみる	シリアの子どもを支援する UNICEF の活動について知り，パソコンでアップする励ましの言葉を考える	グループで，シリアの子どもを励ますメッセージを考えてポスターを作成し発表する
Communi-cation 学習言語	know, dead, why, Syrian, war, family, refu-gee, sea, Turkey, What do you know?	live, who, shocked, sleep, home, She can't go to school. She wants to be a doctor	happy, sad, see his friends, play with his toy, cold, winter, clothes, Be strong! Be brave!	What do you want to say? I want to say, "Stay strong and brave!"
Cognition 思考活動	記憶，理解，応用，推測	記憶，理解，推測	記憶，理解，推測，分析，評価	記憶，理解，応用，評価，創造
Community 協学 Culture 異文化理解	ソロ グループ	ソロ ペア	ソロ ペア	ソロ グループ クラス

参照：山野［2013］．

えを深めることで，その外国語の言葉もパーソナライズされて児童の中に定着し，内容の方もスパイラルで繰り返し学ぶことにより，いっそうの理解が図られるであろう。

　「シリアの子どもたちの声を聞こう！」の4回授業の4つのCを**表4-1**にまとめておく。最も関連している教科内容は「社会」で3学期に習う単元「国際紛争と平和」であり，「戦争や紛争による難民の増加，国際的なテロ，飢えや病気で苦しむ多くの子どもたちなど，世界では，現在もたくさんの問題が起きています」［北ほか 2016：96］をベースとした CLIL 授業案である。

4 ESD

　CLIL の 4 つの C のうち，最も重要なのは Cognition（思考）であると
されている。上記のシリア難民の授業においても，児童はこの子どもたち
に深く共感を抱き，自分はこの子たちのために何ができるであろうかと真
剣に考えたことが，振り返りカードから見てとれる。「UNICEF 募金の大
切さを知った」という感想もあり，このような学びを積み重ねた子どもた
ちは，いずれ，よりよい世界を築くためにアクションを起こせる地球市民
に育っていくことが期待される。

　筆者が福島県須賀川市で実施したパラリンピックをテーマに人権問題を
考える「外国語活動」においても，子どもたちは障がいのある人たちのた
めに自分は何ができるかということを一人で考え，グループで話し合い，
振り返りカードに記述してくれた。「障がいのある人が楽しめるスポーツ
をもっと考えてみる」というコメントがあり，CLIL の思考タスクピラミ
ッドの最上階にある「創造」というところへ到達できる可能性が見出せる。
筆者は，視覚障がい者の気持ちを子どもたちに理解してもらうためにブラ
インド・ボウリングというゲームを発案して体験してもらったのであるが，
それがヒントになって，自分でも，障がい者スポーツを編み出してみたく
なったと推測される。この小学校はユネスコスクールに認定されており，
すべての学びは ESD（第 I 部 2 章参照）をベースとすることになっており，
「外国語活動」も筆者が訪問授業をするときはいつも CLIL で指導案を作
成し，学習内容の目標は ESD に沿うものとし，他教科で子どもたちが学
んでいることと関連づけるようにしている。オリンピック・パラリンピッ
クは，移行期に配布された文部科学省作成教材『We Can!』でもとりあげ
られており，それとの関連もある内容であり，言語表現はこのユニットを
参考にした。

CLIL 理論の第一人者の一人であるエディンバラ大学の Do Coyle 教授の講演においては，CLIL を用いて子どもたちの思考を深めながら育てていく方法は，ユネスコがかかげる 21 世紀に求められている教育に沿ったものであることが強調されていた [Cole 2018]。多くの民族，さまざまな文化を抱えるヨーロッパは，幾度も大きな戦争を経験した。そのヨーロッパが統合を保っていくためには，互いの文化を理解することが重要であり，欧州市民は，母語にプラスしてもう 2 言語を学ぶことが義務づけられている。

ここには，文化と言語は表裏一体であるという考え方がある。そして，異文化間コミュニケーション能力の重要性を説くバイラムは，EU の教育方針を決定する中心人物の一人であり，EU が必要とする教育に合ったものとして CLIL は広まってきたのであるから，ユネスコがめざす ESD と ICC と CLIL は三位一体であるとも言える。

5　PBL，協働学習，多重知能理論 (MI)

CLIL は教育がめざすべき重要なポイントを一つのパッケージにしたものとも言われ，Soft CLIL から Hard CLIL，Light CLIL から Heavy CLIL，Partial CLIL から Total CLIL，Bilingual CLIL から Monolingual CLIL まで，幅広くバリエーションが考えられる [渡部・池田・和泉 2011]。

福島の小学校で実施したパラリンピック授業は，科目内容の学習と言語の学習の比率は 1 対 1 になるようにしたので，Soft と Hard の尺度では中間をめざしたものとなっている。また，単発の CLIL レッスンであったので，Light CLIL ということになり，英語・日本語の両方を用いていたので Bilingual CLIL となる。

さらに，CLIL は PBL（Project-Based Learning：プロジェクト型学習）とも相性がよく，「シリアの子どもたちの声を聞こう」の方は 4 回の CLIL

授業を使った PBL であり，最後に作成した end-product（成果物）は，グループポスターであった。パラリンピックの方は，第2次，第3次の授業では担任教員の指導によるビデオレター作成を行い，子どもたちの国際交流のための NGO である iEARN のプロジェクトにも参加することとなっており，そこのサイトに作成したビデオレターをアップすることになる。

　PBL の学びは，学習者主体で進めるというよさ，また，児童や生徒一人ひとりが自分の得意なところを生かしながらグループの協働学習に参加できるというよさがある。CLIL においても，Community という項目には，Learning Community も想定されており，ソロ活動として一人でワークシートに取り組んで考えたのち，ペアで意見を伝えあい，次にグループ内発表をし，クラス内発表へとつなげていく流れを指導案に取り入れているが，協働学習や PBL の利点と相通じるものである。

　多重知能理論（Multiple Intelligences：MI）は，アメリカの心理学者・教育者であるハワード・ガードナーが 1983 年に発表した理論で，人間には単一の指標（たとえば IQ）だけでは測れない複数の知能があり，それらに優劣はないとする説である。ガードナーは，「musical-rhythmic：音楽的知能」「visual-spatial：視覚的・空間的知能」「verbal-linguistic：言語的知能」「logical-mathematical：論理的・数学的知能」「bodily-kinesthetic：身体的・運動的知能」「interpersonal：対人的知能」「intrapersonal：内省的知能」「naturalistic：博物的知能」という8つの知能を考えた。

　プロジェクト型学習においては，「対人的知能」がすぐれた児童・生徒がリーダー役としてグループのプロジェクトを進め，「視覚的・空間的知能」が得意で絵が上手な児童・生徒がポスターの作画をし，「言語的知能」や「論理的知能」にすぐれた児童・生徒が発表を担当するということも可能であり，お互いに得意なところを認め合う関係が築けることが期待される。

　CLIL は dual-focused であり，語学のみでなく，他教科の内容も学ぶことになるので，英語が苦手であったとしても，他教科の内容が得意なもの

であれば，その児童・生徒は輝くことができる。すべての子どもが輝く笑顔で参加できる英語教育をめざしたい。

◆参考文献

Byram, M. [1987] *Teaching and Assessing Intercultural Communicative Competence*. Clevedon UK: Multilingual Matters.

Byram, M. & M. Fleming [1998] *Language Learning in Intercultural Perspective*. Cambridge UK: Cambridge University Press.

Coyle, D. [2018] "Beyond CLIL" J-CLIL summer seminar in Scotland における講演.

MacIntyre, P. D., R. Clement, Z. Dornyei, & K. Noels [1998] "Conceptualizing Willingness to Communicate in a L2," *Modern Language Journal*, 82, pp. 545–562.

Nishida, R. [2013] "A Comprehensive Summary of Empirical Studies of Motivation among Japanese Elementary School EFL Learners," Apple, M. T., D. Da Silva & T. Fellner Eds., *Language Learning Motivation in Japan*. Bristol UK: Multilingual Matters.

Nishida, R. & T. Yashima [2009] An Investigation of Factors Concerning Willingness to Communicate and Interests in Foreign Countries among Young Learners. *LET*, 46, pp. 151–170.

Yashima, T. [2002] "Willingness to Communicate in a Second Language: The Japanese EFL Context," *The Modern Language Journal*, 86, pp. 54–66.

安達理恵 [2019]「異文化理解の理論」鈴木渉・西原哲雄編『小学校英語のためのスキルアップセミナー――理論と実践を往還する』開拓社，164-182 ページ.

ガードナー，ハワード [2001]『MI：個性を生かす多重知能の理論』松村暢隆訳，新曜社.

北俊夫他 [2016]『新しい社会 6　下』東京書籍.

坂本ひとみ・滝沢麻由美 [2016]「福島とトルコの子どもを結ぶ英語環境教育プロジェクト―― CLIL によって WTC を高める試み」『東洋学園大学紀要』第 24 号，163-180 ページ.

バイラム，マイケル [2015]『相互文化的能力を育む――グローバル時代の市民性形成をめざして』細川英雄監修，山田悦子・古村由美子訳，大修館書店.

松川禮子［2000］「岐阜県下の公立小学校の英語教育への取り組み」御園和夫監修『英語を楽しくする７つの方法』旺文社.

物井尚子［2015］「日本人児童のWTCモデルの構築──質問紙調査からみえてくるもの」『日本児童英語教育学会研究紀要（JASTEC journal)』第34号，1–20ページ.

八島智子［2004］『外国語コミュニケーションの情意と動機──研究と教育の視点』関西大学出版部.

山野有紀［2013］「小学校外国語活動における内容言語統合型学習（CLIL）の実践とその展開」『「英検」研究助成報告（EIKEN BULLETIN)』第25号，94–126ページ.

山野有紀科研課題番号26370723 2015–2017 外国語活動におけるCLILを活用したカリキュラム及び指導者養成プログラムの開発.

萬屋隆一［2012］「国際理解教育と英語教育」岡秀夫・金森強編著『小学校外国語活動の進め方──「ことばの教育」として』成美堂.

渡部良典・池田真・和泉伸一［2011］『CLIL（内容言語統合型学習）──上智大学外国語教育の新たなる挑戦』第1巻，上智大学出版.

第5章

東京都公立小学校における外国語活動の実践

Tokyo 2020 のプロジェクト学習で，グローバルな視野を

滝沢麻由美

　この章では，都内公立小学校で，オリンピック・パラリンピック教育の一環として実践された2つのテーマにおける活動や授業について報告する。1つ目は，最初は国際交流の中でおこなった「環境」についての活動が，のちに4年生の全体授業に，2つ目は，「平和」についての低中学年での活動が，6年生の全体授業に発展し，両方ともが東京2020参画プログラムへとつながっている。CLILにより教科内容とその英語の理解が深まり，さらに児童の東京2020への参加意識が促され，そのプロジェクトを通して，実際の行動へと結びつく授業となるよう取り組まれた。

◆キーワード
　オリンピック・パラリンピック教育，CLIL，PBL，SDGs

1 本実践の特徴

本実践は 2017 年度から 2019 年度に，東京都大田区立馬込小学校でおこなわれたものである。筆者は大学で教鞭をとる傍ら，10 年近く同校の地域人材外部講師として，学校支援地域本部の活動の一つである「土曜英語教室」や，訪問授業に携わってきているが，今回の一連の活動と授業の特徴としては，次の 3 点が挙げられる。

(1) 都教委のオリンピック・パラリンピック教育のフレームワーク

都教委［2016］は，都内全公立校に年間カリキュラムの 35 時間程度で，「4 つのテーマ（オリンピック・パラリンピックの精神・スポーツ・文化・環境）× 4 つのアクション（学ぶ・観る・する・支える）」という枠組みを設け，各学校裁量で，この学びのバリエーションを展開するよう求めてきた。今回の 2 つのテーマはそれぞれ，「環境 × 支える」「オリパラの精神 × する」の組み合わせになっている。

(2) 新学習指導要領 3 つの柱と内容言語統合型学習（CLIL）による目標設定

2020 年度から実施の新学習指導要領の 3 観点（知識・技能，思考力・表現力・判断力，主体的に学習に取り組む態度）に，CLIL の 4Cs（Content & Communication, Cognition, Community/Culture）が，それぞれ対応すると考え，目標を設定している［町田・滝沢 2018；笹島・山野 2019］。また，CLIL の大きな特徴である他教科連携では，今回は特に「社会」で学んだ内容を中心に取り扱いながら，総合的な学習，オリンピック・パラリンピ

ック教育に発展させている。

(3) SDGs を取り入れたプロジェクト学習 (Project-Based Learning: PBL)

　2017 年度から土曜日の活動においては，世界的な教育 NGO 団体である iEARN（アイアーン）の SDGs に沿った国際協働学習プロジェクトによる国際交流を取り入れており [滝沢 2018；2019]，最初の「環境」についての活動は，オーストラリアのイートン校日本語クラスとの交流の中でおこなわれた [町田・滝沢 2018；坂本・滝沢 2019]。また，2019 年度の授業でも内容に関連する SDGs の観点を取り入れたプロジェクト学習になっている。プロジェクト学習の特徴の一つとして，「学習のゴールとして価値のある成果物を創り出す」[鈴木 2014：19] ということがあるが，今回は各テーマの内容のキーワードをふくんだ目標表現を英語で学び，それを海外の相手が実際の文脈で使った英語（ビデオや文字メッセージを含む）を通してより深く理解し，最後はその英語表現を使って成果物を作りながら，自分たちにできる行動を起こそうとする意識を促すねらいがあった。

2　各テーマの授業の背景・目標と指導手順

(1) 「Mottainai Grandma と Mottainai Hunting をしよう！ & Tokyo 2020　みんなの表彰台」プロジェクト

　2017 年度では，同校の 4〜6 年生のグループと相手校の児童が，同じ絵本『もったいないばあさん』の日英対訳版 [真珠 2005] を読み，"Mottainai" をキーワードにしたそれぞれの活動を紹介し合った。日本ではまず，2004 年にノーベル平和賞を受賞したワンガリ・マータイさんが，

表 5-1 授業の目標

学 年	4 年生	活動時間	45 分 × 2 時間
〈目標〉			

1．［知識・技能］（Content・Communication）：
・絵本やマータイさんの動画の内容を通して "Mottainai" を理解し，簡単な語を言ったり，自分の考えについて 5Rs を使ったやり取りができる．東京2020 のリサイクル・プロジェクトについて知り，そのスローガンが言える．
2．［思考力・判断力・表現力］（Cognition）：
・身近な "Mottainai" を見つけようとしたり，それを 5Rs に分類して，自分ができることを考えたりする．
・海外の子どもたちの "Mottainai" についての発表を見て，自分の考えと比べてみる．
3．［主体的に学習に取り組む態度］（Community/Culture）：
・他者に配慮しながら，5Rs についての自分の考えを主体的に伝えようとしている．
・マータイさんが日本の "Mottainai" を世界に広めようとしたことに興味・関心を持ち，「環境」についての考えを深めようとしている．
・東京2020 のリサイクル・プロジェクトの意義を理解し，自ら参加しようとしている．
4．他教科連携：社会，総合的な学習
5．関連する SDGs
　SDGs12：Responsible Consumption & Production「つくる責任，つかう責任」
　SDGs17：Partnerships for the Goals「パートナーシップで目標を達成しよう」

〈目標言語〉 （表現や語彙） ＊太字はアウトプット	What do you think about Mottainai Grandma？ Is she nice/kind/mean/stingy? — Yes/No. She is nice/kind/mean/stingy！ Do you do anything "mottainai"？ — Yes, I do. / No, I don't. What are the 3Rs/4Rs/5Rs? — Reduce, Reuse, Recycle/Respect/Refuse, Repair Green Campaign, nature, gratitude（マータイさんのビデオから） Let's do "mottainai" hunting! — Yes, let's！ What's your "mottainai"？ — My "mottainai" is …． What can you do for the "mottainai"？ — We can reduce/reuse/recycle/refuse/repair. "The better, together"（Tokyo 2020「持続可能性」についてのスローガン）

準備物：ピ）＝ピクチャーカード／PC スライド；ワ）＝ワークシート；教）＝その他の教具；振）＝振り返りシート
ピ）＝ 3Rs/4Rs/5Rs のカードや PC スライド，マータイさんのインタビュービデオ；教）＝絵本（『もったいないばあさん』日英対訳版），色画用紙（1 グループに五輪の 5 色 1 枚ずつ），付せん；振）＝振り返りシート

2011 年の東日本大震災後に日本に向けた生前最後のインタビューの日本語字幕付き英語ビデオ［MOTTAINAI 事務局 2011］を見て，マータイさんが日本の“もったいない”の精神を称賛し世界へ広めようとしたことを知り，4Rs（3Rs と Respect）への理解を深めた。そして，自分に身近な“もったいない”を探し，グループで話し合いながら発展的に 5Rs（3Rs と Refuse, Repair）に分類したポスターを作成しながら，自分たちにできることを考え，英語表現に結び付ける活動をおこなった。一方，相手校からも，身近な“Mottainai”を見つけ，自分にできることを考えた日本語表現を含んだワークシートやスピーチビデオが送られ，これらの成果物をお互いに鑑賞し合った［町田・滝沢 2018；坂本・滝沢 2019］。

　2019 年度の 4 年生は，ちょうど 1 学期に「社会」で 3Rs を学んでおり，まず同様に英語を通しての復習と，5Rs に分類する発展活動をおこなった後，前述の国際交流についても学んだ。さらに今回は，家庭で不要になったプラスティック空容器を表彰台作りのためにリサイクルする「Tokyo 2020　みんなの表彰台プロジェクト」［東京 2020 組織委員会 2018］という参画プログラムにつなげていった。

〈指導手順〉

　導入：Let's listen and say!〜 “Mottainai Grandma”「もったいないばあさん」を読もう！

・「もったいない」とは，どういう意味かたずねる。

・“Mottainai Grandma” を日英対訳版で読み聞かせる。

・絵本の中には，どんな “Mottainai” があったかたずねる。

・もったいないばあさんについて，どう思うかたずねる。

① Let's learn! 〜 ワンガリ・マータイさんの 4Rs について知ろう！

・ワンガリー・マータイさんについて紹介し，「ワンガリー・マータイさん最後のインタビュー」のビデオを見る。どんな英語が聞こえたかたずねる。

・3Rs とマータイさんの 4Rs について，考えを深める。

・日本の"もったいない"のどんなことがすばらしい，と言っていたか
　をたずねる。

② Let's think! ～ 身近な"Mottainai"には，どんなものがあるだろ
　う？

・自分たちの身近な"Mottainai"について考え，各人が付せん 1 枚に
　1 つずつ書くように言う。

・次にグループで"Mottainai"を集め，一緒に考えながら 5Rs に分類
　し，5 色の色画用紙の上に付せんを貼っていくように言う。

③ Let's share ideas! ～ 各グループの"Mottainai"の 5Rs の分類ポス
　ターを見ていこう＆イートン校の"Mottainai"の発表を見よう！

・5 色の画用紙の 5Rs の分類の考えを一緒に見ていく。

・各グループの"Mottainai"をたずねながら目標表現を導入し，グル
　ープごとに言っていく。

・さまざまな"Mottainai の"5Rs への分類のしかたをグループごとに
　たずねながら，目標表現を導入し，グループごとに言っていく。

・全体で気づいたことを発表し，各グループの 5Rs 分類ポスターを完
　成させる。

・以前交流していたイートン校の日本語での発表ワークシートやビデオ
　を見せ，何と言っていたかたずねる。自分たちの"Mottainai"と比
　べてみる。

④ Let's take action! ～自分たちにできることをやってみよう！

・シャンプーの空容器を見せ，それで何ができそうかたずねる。

・いろいろな答えを引き出した後，「Tokyo 2020　みんなの表彰台プ
　ロジェクト」を紹介し，「自分が出した空容器でできた表彰台を見た
　ら，どんな気持ちになると思うか」等と問いかける。

・東京2020 の持続可能性についての取り組みについて話し，英語のス
　ローガンを紹介する。

写真 5-1　5Rs の分類とプラスティック空容器回収の様子

・後日，各家庭の空容器などを学校に持ち寄り，回収取引店へ持ってい
　く。

(2) 「Tokyo 2020　ピース折り鶴」プロジェクト

　こちらは，まず 2019 年 9 月に，低中学年グループとの土曜日の活動で，
「これまでに戦争で中止されたオリンピックの数」というクイズから，広
島で被爆した少女サダコの物語を「オリンピック休戦 (Olympic Truce)」
に関連付けて紹介した後，この活動を広めるための「Tokyo 2020　ピー
ス折り鶴」[東京 2020 組織委員会 2018] という参画プログラムに，自分たち
も参加することにつなげていった。

　この後の 12 月におこなわれた 6 年生の授業では，ちょうど「社会」の
日本の歴史で，太平洋戦争や第二次世界大戦について学んでいたところで，
より詳しくサダコの物語やオリンピック休戦の内容に触れながら，英語表
現を学んだ発展活動となった。特に今回は，折り鶴に書くピース・メッセ
ージを目標表現にし，東京2020 指定のハッシュタグをつけた折り鶴の写

表 5-2　授業の目標

学　年	6 年生	活動時間	45 分×2 時間

〈目標〉

1．［知識・技能］(Content・Communication)：
・東京2020 とサダコのピース折り鶴プロジェクトを通して，平和の大切さとオリンピック休
　戦について理解し，それについての語句を聞いて言ったり，短い平和のメッセージを書く
　ことができる．
2．［思考力・判断力・表現力］(Cognition)：
・オリンピック休戦の意義を考え，自分で選んだピース・メッセージで表現する．
3．［主体的に学びに向かう態度］(Community/Culture)：
・他者に配慮しながら，東京2020 とサダコのピース折り鶴プロジェクトを通して，自らピー
　ス・メッセージを伝えようとしている．
4．他教科連携：社会，道徳，総合的な学習
5．関連する SDGs
　SDGs 16：Peace, Justice, and Strong Institutions「平和と公正をすべての人に」
　SDGs 17：Partnerships for the Goals「パートナーシップで目標を達成しよう」

〈目標言語〉 （表現や語彙） ＊太字はアウトプット	When? /Where? /Who? /Why? Greece, Europe Stop wars! atomic bomb, peace memorial park, one thousand paper cranes, Olympic Truce What's your peace message? – My message is 〜 . PEACE/FRIENDSHIP/LOVE/HOPE/COMPASSION（選択肢）

準備物：ピ）＝ピクチャーカード／PC スライド；ワ）＝ワークシート；教）＝その他の教
　　　　具；振）＝振り返りシート

　　　　ピ）＝東京2020 ＆サダコ　ピース折り鶴プロジェクトについての PC スライド；
　　　　ワ）＝「Tokyo 2020　ピース折り鶴　My peace message」ワークシート（各 1 枚）；
　　　　教）＝東京2020 エンブレム付き折り紙（各 1 枚）；振）＝振り返りシート（各 1 枚）

真を SNS に投稿後，さらに 2011 年からハワイのパール・ハーバーにあ
るアリゾナ・ミュージアムでおこなわれている「サダコ平和の折り鶴プロ
ジェクト」［作間 2018］に，その鶴を送ることにもなった。これは，坂本
ひとみ氏と筆者が，自分のクラスの大学生たちと共に，すでに参加させて
頂いていたことがきっかけとなっている［東洋学園大学 2019］。現地では，
プナホウ高校の元日本語教師で広島の被爆日系 2 世のピーターソン・ひ
ろみ氏が中心となり，来館者にサダコのエピソードを伝えながら鶴を一緒
に折ったり，作間和子氏が携わり日本から送られた折り鶴を渡す平和活動
をされているが，今回の授業のために，ピーターソン氏から児童に平易な

英語でのメッセージを頂き，これが児童にとっては，実際のコミュニケーションの中でオーセンティックな英語にふれる機会となった。

〈指導手順〉

導入：Let's listen and say! 〜 鶴を折る理由を考えてみよう！

・「どんなときに鶴を折るのかな」「どうしてオリンピックのために鶴を折るのかな」等と問いかける。

Activity ① Let's learn! 〜 サダコの千羽鶴とオリンピック休戦について知ろう！

・「サダコの千羽鶴」について，「社会」で学んだ広島の原爆投下の話と共に紹介していく。

・「オリンピックの起源と願い」について話しながら，「オリンピック休戦」について説明する。

Activity ② Let's think! 〜「Tokyo 2020　ピース折り鶴」に参加しよう！

・「Tokyo 2020　ピース折り鶴」と，「社会」で学んだ真珠湾攻撃の話を交えて，「サダコ平和の折り鶴プロジェクト」の内容と，ピーターソン・ひろみ氏の英語のメッセージを紹介し，2つのプロジェクトに参加しようと呼びかける。

Activity ③ Let's create! 〜 自分のピース折り鶴を作ろう！

・ピース・メッセージについての目標表現を導入する。

・自分のメッセージのことばを選び，ワークシートに記入するように言う。

・東京2020のピース折り鶴を作り，そのつばさ部分に，自分で選んだ英語のピース・メッセージのことばをはっきりと書くように言う。

Activity ④ Let's share ideas! 〜 自分のピース・メッセージを発表しよう！

・モデルを見せながら，TT で発表のやり方を導入する。

写真 5-2　SNS に投稿された児童のピース折り鶴とパール・ハーバーでの様子

・ペアで練習し，笑顔ではっきりした声で発表するよう励ます。

・全体で何人かに発表してもらう。

Activity ⑤ Let's take action! ～ピース折り鶴の写真を撮って SNS に投稿しよう＆パール・ハーバーにピース折り鶴を送ろう！

・グループごとに，折り鶴の配置などに工夫して，写真用の構図を決めるように言う。

・写真撮影後ピース折り鶴を預かり，SNS への写真投稿とハワイへ郵送をすることを伝える。

・後日，児童が作ったピース折り鶴が，ハワイのパール・ハーバーの来
　館者に手渡された様子をクラスに報告する。

3　児童の反応――振り返りシートから

　ここでは，それぞれの授業後におこなった，目標の観点をふまえた振り
返りシートの記入から，児童のおもな反応をみる。
　〈方法〉4件法を（∧∧）4・3・2・1（><）で表した回答選択式にし，各
質問の単純集計を％で表し，4と3の合計を肯定的な反応数とした。また，
各記述部分で多く出ているキーワード順に分類し，おもな傾向を考察した。

（1）「Mottainai Grandma と Mottainai Hunting をしよう！
& Tokyo 2020　みんなの表彰台プロジェクト」

（4年生3クラス　N=93）

　まず，問1の「今日の授業は楽しかった」（全体の感想）では，4と3で
約90％となり，特に「楽しく取り組めたこと」では，「身近な"もったい
ない"を探したり見つけたりして，5R に分類したこと」をあげた児童が
65％に上った。多くの児童が授業のメインの活動を楽しんだ様子がわかり，
授業中の感触と同様，全体の反応は活発で良好であったと言えるのではな
いだろうか。
　問2の「今日の授業の内容がわかった」（知識：Content）では，4と3
は83％で，「どんなことをよくおぼえていますか」では，半数以上の児童
がマータイさんをあげ，インタビューの内容に心を大きく動かされた様子
が伺えた。ここは，キーワード（3Rs と Respect）を含んだオーセンティ
ックな英語での語りかけに触れさせる重要な場面で，心に訴える良質なイ
ンプットの力が大きいことがあらためてわかった。

問3の「今日の英語を聞いたり，言ったりすることができた」（技能：Communication）の「おぼえている英語を書きましょう（カタカナでもいいです）」では，72%が5Rsのことばを書き出しており，1学期の授業の復習とこの授業での発展的内容を英語の活動を通して認識し，取り扱うことができたようであった。

　問4の「今日のテーマの5Rsについて考えたり，自分と他人の考えをくらべたりした」（思考力等：Cognition）では，74%の生徒が思考力をよく働かせたと自覚しており，「気が付いたことがあれば，書きましょう」では，半数近くが5Rsについて，「みんなでいろいろ出して考えが深まったり，交流できた」「身近にたくさんもったいないがある」「外国にももったいないがあった」「社会を英語で習っている」等，さまざまな気づきを見取ることができた。

　問5の「グループやクラスで話し合ったり，海外や東京2020について学ぼうとした」（主体的な態度：Community/Culture）では，4と3が73%で，「心に残っていることがあったら，書きましょう」では，「プラスティックで表彰台ができるなんてびっくり」「おどろいたけど，わたしもその活動がしたいです」等，プロジェクトのリサイクル内容そのものに強い印象を受けていた児童が一番多く，また「マータイさんが日本人は勇気があると言ってくれた」や，イートン校の児童の日本語での発表の上手さをあげた児童もおり，「外国から見た日本」という視点も持ったようである。

　全体として，4年生特有の活発さと，"Hunting"という活動が合っていたと同時に，マータイさんの英語のインタビューや海外の児童の日本語の発表，リサイクルの表彰台等，というたくさんの内容それぞれに，好奇心を持って反応していた児童が多かったという印象である。課題としては，5Rsの分類についてのクラスでのやり取りや発表に，もっと時間をかけることができるとよかったため，思考を伴うアウトプットの時間配分に，今後はより留意するべきである。

(2) 「Tokyo 2020　ピース折り鶴 プロジェクト」

（6年生3クラス　N=76）

　問1の「今日の授業はきょうみ深かった」（全体の印象）では，4と3が70％で，戦争や原爆といったシリアスな内容が，ふだんの親しみやすい内容の外国語活動とは違う印象だったのかもしれないが，その中でも「きょうみ深く取り組めたこと」として，「折りづるを作ってハワイに送る」「サダコの話からオリンピックにつながった」「戦争について知らなかったことがわかった」等，「折りづる」「サダコ」「ハワイ」「戦争」「広島」「オリンピック」「休戦」「英語」等，メインのキーワードが多数挙がっていた。

　問2の「今日の授業の内容がわかった」（知識：Content）では，4と3が76％で，「よくおぼえていること」では，やはり問1と同じようなことばが並んでいたが，記述としては，「サダコ」に関してが一番多く，「サダコが病院でがんばってつるを折ったこと」等，自分たちと同い年であった少女に共感していたようである。また，「戦争をしてはいけない」「オリンピックは休戦，平和でないとできない」等，「社会」の授業での学習に他のエピソードも重ねたことで，より内容理解を深めたようであった。

　問3の「今日の英語を聞いたり，言ったりすることができた」（技能：Communication）では，授業では時間的に数人の発表のみで，やり取りの時間が十分に取れなかったのだが，「おぼえている語」としては，多くの児童が，ピース・メッセージの6つのキーワードの全部やいずれかを英語で書いており，6年生の「書く」ことへの強い興味が表れていた。

　問4の「オリンピック休戦や平和の大切さについて，理由を考えながら自分のピース・メッセージを選んだ」（思考力等：Cognition）は，授業者としては今回一番大切な質問であったが，4と3が80％で全質問の中で最も高く，「オリンピックは平和への第一歩」「こうやって昔のいたましさについて考えられるのは，今が平和だから」「世界中の人が思いやりの心を持てば，いろいろな人が希望を持てると思ったから」等，自分の価値

観を理由に選択する 6 年生の意識の高さがよくわかる結果となった。

最後の問 5 の「プロジェクトに参加したいと思った」（主体的な態度：
Community/Culture）では，外国語活動の授業後は 4 と 3 は 74％だったが，
「自分が折ったつるで，平和になったらいいと思った」等，プロジェクト
をよくイメージしている記述もあり，この後，実際にプロジェクト活動を
していく中で，より興味や実感が増していったのではないだろうか。

また，ピーターソン氏にあてたメッセージを書いてくれた児童も多く，
「残こくな戦争を世界中のみんなに伝えていきましょう！私たちもがんば
ります！」と自らの行動につなげようとしていたり，「心の中にアメリカ
と日本の気持ちがあるのは大変だと思いますが，がんばってください」
「ぼくもあなたの活動を知り，戦争のことについて深く考えました」等，
他者の気持ちに寄り添い共感することばが特に印象に残った。

4　まとめ

この外国語活動の授業は，その後プロジェクトとして，さらに進められ
ていった。4 年生が家庭から持ち寄ったプラスティック空容器は，所定の
回収箇所へ届けられた後，さらに学校全体での取り組みへと発展し，事務
局からも児童に謝意がおくられた。また，6 年生のピース折り鶴は東京
2020 への SNS に写真投稿された後ハワイへ送られ，ピーターソン氏の
活動グループによってミュージアムの来館者に手渡され，その当日の様子
や来館者のサインの写真，そしてピーターソン氏からのお礼のメッセージ
を児童に送って頂いた。

このように，今回の 2 つのプロジェクト学習にはそれぞれに，さまざ
まな要素が含まれていたが，最も大きなねらいであり収穫は，より相手意
識，他者意識を持ってオーセンティックな英語を聞いたり発信したりする
場面に必然性を持たせながら，児童が身近なことと教科内容をつなげ，ま

た海外でおこっていることも学ぶことにより，地域と世界を行き来してグローカルな視野を広げ，プロジェクトの目的を達成しようとしたことだろう。まだまだ授業改善の余地はあるが，このような統合的なプロジェクトによる学び方は，新学習指導要領の方向性にも沿い，今後ますます必要となっていくのではないだろうか。

　最後に，ピーターソン氏から児童に送られた英語のメッセージの一節を東京2020への願いもこめて紹介したい。

── Yes, your peace messages on the wings will fly all over the world!

　謝　辞

　この授業実践に，ご理解，ご協力頂きました東京都大田区立馬込小学校（吉藤博和校長）に深く感謝いたします。

◆参考文献

公益財団法人東京オリンピック・パラリンピック競技大会組織委員会［2018］みんなの表彰台プロジェクト・PEACE ORIZURU ピース折り鶴～オリンピック休戦（https://tokyo2020.org/jp/games/sustainability/podium/）最 終 閲 覧 日 2020 年 10 月 15 日.
　　（https://tokyo2020.org/jp/get-involved/olympictruce/peaceorizuru/）同上.

坂本ひとみ・滝沢麻由美［2019］「オリンピック・パラリンピックをテーマにした国際理解教育──CLIL による英語授業実践」『東洋学園大学紀要』第 27 号，139–158 ページ.

作間和子［2018］「Sadako Peace Cranes Project」（新英研の宝×教材のチカラ第 99 回）『新英語教育』2018 年 1 月号，20–22 ページ.

笹島茂・山野有紀編著［2019］『学びをつなぐ小学校外国語教育の CLIL 実践──「知りたい」「伝え合いたい」「考えたい」を育てる』三修社.

真珠まりこ［2005］『Mottainai Grandma　もったいないばあさん対訳版』英文監修・山口マリアンヌ，講談社.

鈴木敏恵［2012］『プロジェクト学習の基本と手法──課題解決力と論理的思考力が身につく』教育出版.

滝沢麻由美［2019］「My School, Your School Project 〜 Tokyo 2020 の取り組みを入れて〜」NPO 法人グローバルプロジェクト推進機構（JEARN）国際協働学習 iEARN レポート（2018 年度）32–33 ページ（https://www.jearn.jp/iearn-report/ISSN24340049_2018.pdf），最終閲覧日 2020 年 10 月 15 日 .

東京都教育委員会［2016］「東京オリンピック・パラリンピック教育」（https://www.o.p.edu.metro.tokyo.jp/）最終閲覧日 2020 年 10 月 15 日．

東 洋 学 園 大 学［2019］Academic Life & Research（https://www.tyg.jp/research/detail.html?id＝4002）最終閲覧日 2019 年 12 月 1 日．

町田淳子・滝沢麻由美［2018］「2017 年度助成研究　国際理解教育としてのオリンピック・パラリンピックをテーマにした小学校英語教育教材の開発研究報告書」一般財団法人日本児童教育振興財団．

町田淳子・滝沢麻由美［2019］『英語で学ぼう　オリンピック・パラリンピック小学校から中学初級―― CLIL による国際理解教育として』子どもの未来社．

MOTTAINAI キャンペーン事務局［2011］「ワンガリ・マータイさん最後のインタビュー」（http://www.mottainai.info/jp/about/）最終閲覧日 2020 年 7 月 25 日．

III

教育理論と実践

メディア・リテラシーと復興教育編

第6章

ビデオレターの理論と実践

坂本　旬

　異文化交流実践にはビデオレターの活用が有効である。それは単なる
ICT の活用ではなく，ユネスコの２つのプログラムである ESD と MIL
（メディア情報リテラシー）を統合した新しい教育実践のスタイルだからで
ある。ビデオレターの制作方法は異文化交流以外にも多くの分野で応用で
きるだろう。本章ではビデオレター実践の理論と方法を解説する。

◆キーワード
　ビデオレター，メディア・リテラシー，異文化交流，ESD

1　メディア・リテラシーと映像教育

　今日の急速な技術の進歩によって，タブレット端末1台で撮影から編集までできるようになった。映像の制作もビデオカメラを使うことなく，タブレット端末やスマートフォン1台で作ることができる。映像制作は単なるICTやメディアを活用した教育ではない。タブレット端末はメディア・ツールだと言えるが，メディア・ツールを活用することがメディア・リテラシー教育の本質ではない。映像制作は主に情報リテラシー教育ではなく，メディア・リテラシー教育の一部だと言ってよいが，メディア・リテラシーの定義から考えると，単なるメッセージの創造や自己表現ではなく，自分自身を振り返り，メッセージの分析評価や市民社会への参加，さらには異文化を超えた対話へとつながる必要がある。

　メディア・リテラシー教育の視点を踏まえた映像制作として，まず，デジタル・ストーリーテリングをあげることができる。デジタル・ストーリーテリングは基本的に静止画によるスライドにナレーションを加えた作品形式であり，主に自分についての物語作品となる。キャリアデザイン学部でのデジタル・ストーリーテリング制作実践についてはすでに論文にまとめている［坂本 2015；坂本・芳賀 2017］。これらの論文は大学教育におけるデジタル・ストーリーテリング実践を扱ったものであるが，筆者は2016年および2017年に埼玉県立伊奈学園総合高校でデジタル・ストーリーテリングおよび読書をテーマにしたデジタル・ストーリーテリングであるデジタル・ブックトークの実践や，2016年9月にいわき市にあるいわき海浜自然の家で開催された第3回東北クラスタースクールでの中学高校生を対象としたワークショップ，および2018年に一般市民を対象にした埼玉県立市民活動センターでのデジタル・ストーリーテリング市民講座などを実施している。

いずれも貸与したタブレット端末または学習者所有のスマートフォンを用いており，中高生から高齢者まで，容易にデジタル・ストーリーテリング作品を作ることが可能である。デジタル・ストーリーテリングは，自分自身の人生を振り返り，それを物語として文章化し，編集ソフトを用いて映像と合わせて作品にまとめて制作する。そして完成後は発表会を開いて他者と共有しあう。メディア・リテラシーの観点から見れば，自己表現に重きを置いたメディア実践だと言える。デジタル・ストーリーテリングの対象を読書活動に限定したものがデジタル・ブックトークである。人生を振り返り，本との出会いを作品にしたものであり，司書課程や司書教諭課程の授業や高校での国語科の授業で実施している。

　デジタル・ストーリーテリングはあくまでも静止画を用いた一人語りの動画作品であり，それゆえに比較的簡単に作ることができるが，さらに高度なスキルが求められるものがドキュメンタリーである。筆者はすでにドキュメンタリーの持つ教育性について次のように述べたことがある。

　ドキュメンタリーは，単なる現実の映像化ではなく，それらを素材にした新しい現実や世界観の創造である。この事実こそが，一方で，メディア情報リテラシー教育における「メディアとは現実の再構成である」という一つの原理の根拠となるのだが，他方で，ドキュメンタリー制作は，現実世界をくぐって自己の世界観を再構成する創造的な営みとして，そこに教育的価値を見いだすこともできるのである［坂本 2014：145］。

　ドキュメンタリーには制作者自身を対象とするセルフ・ドキュメンタリーとよばれるジャンルがあるが，一般的には自己とは異なる他者や事象などを取材対象とする。しかし，上記のような教育性がもっとも発揮されるのはセルフ・ドキュメンタリーであろう。筆者は他者を取材対象とするドキュメンタリーにセルフ・ドキュメンタリーの要素を付加させた「体験の言語化・映像化」と呼ばれるコンセプトを提起したい。デジタル・ストーリーテリングはいわば「記憶の映像化」であることから，両者を含めて「体験の言語化・記憶の映像化」と呼ぶことができる（なお，この用語は

「記憶の言語化・体験の映像化」を含む)。このコンセプトは早稲田大学平山郁夫記念ボランティアセンターが開講する「体験の言語化」科をヒントにしている。「体験の言語化」科はボランティアの体験を言葉で語ることのできない学生を対象に，体験を言語としてプレゼンテーションさせる学習プログラムである。

　「体験の言語化・映像化」は早稲田大学の「体験の言語化」科からヒントを得ているが，中身は大きく異なる。このコンセプトはドキュメンタリー制作の過程で用いられる。これまで学生によるドキュメンタリーはあくまでも取材対象を中心に撮影していたが，その方法では取材者と対象者との人間関係や取材によって何を得て，何が変わったのか，映像に明示的に表現されることはない。しかし，ドキュメンタリーの教育性とは，ドキュメンタリーそのものに教育的価値があるのではなく，ドキュメンタリー制作のプロセスに教育的価値があるとみなす。そのプロセスそのものを表現することがもっとも重要なのである。

　このようにして，ドキュメンタリー映像に取材対象者自身が登場し，そこで感じたことを言語化するシーンを挿入することにした。一見すると，セルフ・ドキュメンタリーに見える。あるいは，ドキュメンタリーのメイキング映像のようにも見える。この試みを全面的に実施したのは 2017 年度「地域学習支援実習」コミュニティ・メディア班による宮城・福島取材であった。学生たちは意図的にお互いに取材するシーンやその場で感じたことをインタビューし合うシーンを撮影して作品を制作した。この作品は2017 年 12 月 10 日に平塚市で開催された「湘南ひらつかメディフェス」で参加学生自身によって上映報告された。さらにこの手法は同年 12 月のカンボジア海外研修時のカンボジア・メコン大学とのドキュメンタリー協働制作にも使われた。「体験の言語化・映像化」は市民ジャーナリズムとセルフ・ドキュメンタリーの両者の特徴を取り込んでおり，自己表現と同時に社会との関係そのものを明示的に表現することをめざした映像制作手法であるといえる。

デジタル・ストーリーテリングとドキュメンタリーの中間に位置するのがビデオレターである。ビデオレターはメッセージの送り先を明確に意識して作られる映像作品である。本来，あらゆるメディア・メッセージは送り先を持つが，ビデオレターはそのことを明示することによって，メディア・リテラシー教育実践として位置づけることが可能となる。とりわけ，ビデオレターを異文化交流のプロセスに組み込むことによって，メディア・リテラシーとしての「異文化を超えた対話能力」を育てることができる。

2　異文化間対話のためのビデオレター交流

　ビデオレターによる異文化交流実践をメディア・リテラシーの観点から見ると，メディア・メッセージの創造と読解，そしてコミュニケーションという過程を含んでいる点が重要である。つまり，相手にメッセージを伝えると同時に相手からのメディア・メッセージを批判的に分析し，深く考えながらメッセージを理解するスキルの育成を含んでいるからこそ，メディア・リテラシー教育実践だと言えるのである。ICT の活用に焦点を当てるのではなく，メッセージの創造と読解，そしてそれによるコミュニケーションに焦点を当てなければならない。アメリカ図書館連盟によれば，情報の発見，創造，コミュニケーションのために，ICT を用いる能力をデジタル・リテラシーと定義している［ALA 2011］。つまり，それらはメディア・リテラシーではなく，デジタル・リテラシーである。

　あらゆるメディア・メッセージは構成されたものである。これはメディア・リテラシーのコア・コンセプトにおける第一の原理である［Thoman & Jolls 2008：23］。その原理を学ぶためには，学習者自身がメッセージを伝えるために編集するという経験が必要となる。もちろん文字媒体でも同じことがいえる。これまで行われてきた文集や学級新聞制作などがこれにあたる。

ビデオレターは，目的やテーマを決め，ストーリーボード（絵コンテ）をつくり，撮影したビデオクリップを編集するという過程をへて制作される。映像制作だけならば，学校紹介ビデオや学習発表ビデオと似ているが，送り先（視聴者）が明確であることが大きな違いである。ビデオレターの交換はコミュニケーションへとつながっていく。そして何よりも，互いの文化の理解の契機となる。ビデオレターは映像を使ったコミュニケーション手段であるが，他にも手紙や絵，カードの交換も同時に行うことができる。

　筆者らが関わった実践でもネパールと福島との交流の過程で絵入りのカードが送られている。他の学校間交流でも絵やカードの交換を行っている。ICT だけではなく，多様なメディア・フォーマットを使い分け，その性格を理解することも必要である。

　さらに相互理解を進めるために使われるメディア・ツールがスカイプなどのテレビ電話会議システムである。ビデオレターとは異なり，リアルタイムの交流が可能である。臨場感のあるコミュニケーション方法であるが，十分な準備が必要となる。相手が発展途上国の場合はインフラの確認も必要となる。また，ビデオレターとは異なり，じっくりと観察したり，考えたりすることがむずかしくなる。テレビ電話会議システムはビデオレターと組み合わせて使うと，ビデオレターの感想や意見交換ができるため，有効に活用することができる。

　海外とのビデオレター交流はビデオテープの時代からあったが，メディア・リテラシー教育の観点から取り組まれたことはなく，異文化交流の一つのツールという扱いであった。そのため，ビデオレター交流によって，子どもたちにどんな力を身につけさせるかという視点は十分ではなかった。それはこれまで子どもたちにとって映像制作が簡単ではなかったからである。しかし，タブレット端末やスマートフォンが急速に普及する現代社会では，映像はただ受動的に見るものではなく，自らのメッセージを世界に発信する表現方法として捉えることができるようになった。映像は感情に訴える力があり，権力が市民をコントロールするために使われるだけでは

なく，市民が権力に異議を申し立てたり，世界中の市民と交流したり，新しい運動を起こすためのメディア様式として用いることができるようになった。ソーシャル・メディアの普及はこれらの運動が国境を越えることを容易にした。

　これからの学校は，文字の読み書きと同じように映像の読み書きが必須となる時代がやってくるだろう。それは新しい時代のリテラシーなのである。福島・ネパール間のビデオレター交流プロジェクトは二国間だけではなく，多国間の交流をめざしている。子どもたちは映像という新しい言語を用いて，子どもの時代から互いに理解し合う道を見つける方法を学ぶ。これこそが，持続可能な開発の課題の解決の担い手を育てる教育になるのである。

　国立教育政策研究所は ESD の視点に立った学習指導で重視する能力・態度の例として，批判的に考える力，未来像を予測して計画をたてる力，多面的・総合的に考える力，コミュニケーションを行う力，他者と協力する態度，つながりを尊重する態度，進んで参加する態度の７つをあげている［国立教育政策研究所 2012：9］。ビデオレター交流実践はこれら７つの要素をすべて含んだ総合的な学習である。制作過程ではビデオレターを送る相手の理解やテーマ，絵コンテの作成が含まれる。交流過程ではビデオレター交流実践の全体の過程を含むが，その中心に位置するのはビデオレターの視聴である。

　場合によっては，視聴した後にテレビ電話会議システムを用いたリアルタイムのコミュニケーションを行う。外国語を使用する場合は，外国語によるコミュニケーションの過程を含むことになる。そして視聴や交流をしたあとの振り返り過程では，次のビデオレター制作に向けた取り組みが含まれる。ICT 機器を利用するため，ICT スキルもこれらすべての過程には含まれるが，ICT の活用能力を育てることがこの実践の主目的ではない。

3　ビデオレター制作の過程

　学校で制作できる映像にはいろいろな種類がある。すでに触れたように
ビデオレター以外に学校教育で取り組まれる映像として，デジタル・ストー
ーリーテリングやドキュメンタリーなどがある。かつて，映像制作は放送
局などの映像制作の専門家が学校と協力して実施されることが多く，教科
の授業で行われることはほとんどなかった。技術はもちろんのこと，高価
で使い方の難しい機材が必要であった。教職員が行うには荷が重すぎたの
である。そのため，かつてはメディア・リテラシーといえば，映像の読み
解きが主であった。読み解きならば，映像を視聴して考えさせることがで
きたからである。こうした状況も技術の進歩が大きく変えた。高校生でさ
え，9割以上がスマートフォンを持っている時代である。

　スマートフォンには映像制作の機能があり，それを使えば，誰でも簡単
に映像が制作できる。ノートと鉛筆と同じように，映像制作は身近に存在
するものとなった。しかし，技術があれば，誰でも使えるようになるわけ
ではない。そこには教育が必要である。現在のタブレット端末の技術なら
ば，小学生でも使いこなせるようになるが，発展途上国でもその状況は変
わらない。初めて発展途上国の小学校にタブレット端末を持ち込んで，映
像制作の授業を行った時は，大変不安であったが，教える側の準備が充分
に整っていれば，日本とほとんど違いはなかった。どこの国の子どもたち
もあっという間に使い方を覚えてしまう。しかしタブレット端末の使い方
を理解しても映像の読み解きと制作ができるようになるわけではない。そ
こはメディア・リテラシー教育が必要である。

（1） メッセージを考える

　映像の読み解きと制作は表裏一体である。文字の読み書きが表裏一体であることと同じである。詩や散文のように心のなかから湧き出る思いや印象を映像にすることができる。そのような場合でさえ，映像の鑑賞には詩や散文がそうであるように，読み解き方がある。大切なのは「表現の仕方」の視点であり，メディア・リテラシーの基本は「表現の仕方」への着目である。文章と同じように，映像にも文法や文体があり，修辞がある。このような「映像表現の技術」に注目することで，映像の読み解きの技術は制作の技術へと転化する。ビデオレターはその両方がなければ成り立たない。そういう意味で，ビデオレターはメディア・リテラシーの基礎であるといえる。お互いの作品がそのまま教材となるという利点もある。毎年実践を積み重ねれば，毎年前の年に作られた作品から多くのことを学ぶことができる。ビデオレター制作には高度な技術は必要ないため，映像制作の基礎的な段階で学ぶのに向いている。

　ビデオレターは海外の学校に送るものと決まっているわけではない。相手は誰であっても良い。国内の学校はもちろんのこと，送り先が家族や先生であっても良いし，10 年後の自分でも構わない。大切なことは，漠然と制作するのではなく，誰に向けてどんなメッセージを伝えるのか意識することである。どんな手紙も送り先，読み手がいる。そしてどんな映像にも想定する視聴者がいる。手紙もビデオレターもそれは変わらない。

　では，その相手にどのようなメッセージを伝えたいのか，どのような表現方法を使えば伝えることができるのか，映像制作で時間をかける必要があるのはこのような学習である。白方小学校のビデオレター制作（第 7 章）でも教師がもっとも苦慮したのは，どんなメッセージを送るのか子どもたちに考えさせることであった。単なる学校紹介や学習のまとめになってしまうと，メッセージが曖昧なビデオレターになってしまうからである。ビデオレターの制作は表現力の育成だけが目的ではない。メディア・リテラ

シーは，表現のスキルを通して批判的にメッセージを読み解き，創造的に
メッセージを伝える力である。そのためにいろいろな意見を聞き，ディス
カッションを行うことが大切である。

　メッセージを考えることは，メッセージの目的と深く関係している。何
のためにビデオレターを送るのかという問題は教師が子どもに与えるもの
ではなく，子ども自身が考えなければならない問題である。白方小学校の
実践でも，子どもたちは班や学級で話しあい，考えを深めていっている。
たった一回のネパール紹介の授業で，ネパールの小学校や子どもたちが抱
えている課題を理解することは困難である。つまり唯一の正解を見つける
のではなく，たくさんの疑問を持つことが重要なのである。わかりたい，
知りたいという思いを育てることが学びの核となる。

　子どもたちが感じた疑問は，探究の種となる。その疑問は図書館で解決
できるものもあれば，インターネットで検索して調べることができるもの
もある。例えば，ネパールの人口や地理が知りたいのなら学校図書館を活
用すると良いだろう。しかし，ネパールの子どもが一番好きな遊びを知り
たければ，ビデオレターを通じて質問すればよい。探究は学びの柱であり，
情報による探究スキルが情報リテラシーである。学校図書館は読書センタ
ー，情報センター，そして学習センターとしての機能を持っている。情報
リテラシーは情報センターとしての学校図書館の活用による探究学習によ
って育むことができる。メッセージを考える作業はカードや付箋紙を用い
たKJ法を活用すると良いだろう。最初に自由にアイデアを出し合い，そ
れらを整理しながら班ごとに伝えたいメッセージを決めていくのである。

(2)　絵コンテから撮影へ

　伝えたいメッセージが決まれば，次のステップは絵コンテの作成である。
絵コンテはビデオレターの構成を絵と文章で説明したもので，設計図にあ
たる。ビデオレター全体のイメージをつかむためにも不可欠である。絵コ

ンテがしっかりできていれば，撮影がスムーズになり，制作時間も短くて済む。絵コンテの作成は一人ではできないため，多面的総合的に考える力や批判的に考える力だけでなく，他者と協力する力が必要になる。さらにシーンごとに説明を書いたり，台詞を書いたりする必要があるため，文章を書く力が必要である。

絵コンテは左側にシーンを簡単なイラストで表現し，右側に解説とナレーションを書く。一番右側におおよそのシーンの時間を書き，全体の長さとの関係を調整する。班ごとに一つの作品を作る場合は，班で話し合いながら作成する。絵コンテができれば中間発表会をすると良い。班で考えたことをクラス全体で話し合うことで他者の意見に耳を傾ける態度が身につく。こうしてビデオレターの絵コンテが完成する。

絵コンテができあがれば，撮影である。撮影の前にフレームサイズを学ぶ必要がある。小学生ならばフルショット，バストショット，クローズアップの３種類を使いこなすことができれば十分である。そしてそれぞれのフレームサイズの効果を学習する。特に重要なのはクローズアップである。クローズアップは視聴者に見せたいものを意識させる力を持っている。子どもにフレームサイズを教えないで撮影させると，フルショットの映像ばかりになる。人の顔を画面いっぱいにいれるとクローズアップになる。二人一組になり，お互いのフルショットや顔のクローズアップを撮影しあうことで，メッセージにおけるクローズアップの効果を理解することができる。

さらに，撮影後に編集することを考えながら，撮影するときは横向きにすること，手ブレしないように脇をしめてカメラを固定すること，ワンショット５〜10秒程度にすることを教える。ワンショットが長いと編集が困難になるからである。また，広い場所を撮影したいときはカメラを左からゆっくりと右に動かしながら撮影する「パン」と呼ばれるカメラワークを教えると良いだろう。また，焦点の合わせ方や露出の調整といったカメラの基本操作も教える必要がある。必要に応じて三脚を使うこともある。

録音も重要である。タブレット端末に内蔵されているマイクを使うと周りの音が入ってしまい，声がうまく録音できないことがある。そのため外部マイクを用意しておくと良いだろう。外に出て取材をする場合は，あらかじめインタビュー取材の仕方を教えておく必要がある。場合によってはカメラ係やインタビュー係，マイク係などの分担も必要だろう。また，肖像権や著作権についての学習も必要になる。

（3）　編　集

　撮影が終われば編集である。タブレット端末にはあらかじめ動画編集アプリをインストールしておく。すでにインストールされている場合はそれを使う。これまで筆者が小学校で教えた経験から，4年生以上ならば十分に自分たちで編集することができる。絵コンテにそって編集していき，必要に応じてナレーションや音楽の録音，そしてタイトルや字幕を入れていく。BGMはすでに用意されているものを使うこともできるが，同じBGMを使い回すと同じような印象の作品になってしまう。BGMは映像の印象に大きな役割をはたすからである。また，BGMには著作権があることも教える必要がある。好きな音楽を自由に使えるわけではないことを理解させる。白方小学校では，子どもたちが自分でBGMを作曲演奏することがあった。

　編集が終われば一つの動画ファイルとして出力し，学校間交流専用の動画共有サイトにアップロードする。この作業は教師が行う必要がある。メディア・リテラシーの基本原理の一つが「メディアは構成されたものである」であることはすでに触れたが，その原理は実際に編集という過程を経験し，それを振り返ることによって，具体的に理解することができる。撮影時のクローズアップと同様な効果は，編集時ではトリミングで得ることができる。必要な映像だけを選んで他のものを捨てたり，必要な部分だけを切り取ったりする作業の自覚化はメディア・リテラシーの基本原理に関

わっている。重要なことは，レン・マスターマンが指摘する「技術主義の罠」に陥らないことである［Masterman 1985：26］。つまり，撮影や編集といった作業が高度に専門的なものだと考えることによって，単なる商業ビデオのモノマネに陥ってしまう可能性である。「新聞づくり」が新聞社だけのものではないように，映像制作ももはやテレビ局や映画会社だけのものではない。失敗を恐れない自由な試行錯誤のプロセスが大切なのである。

4　上映によって広がる学習

　作品が完成すれば上映会を行うとよい。教室でできあがったものをそのまま上映しても良いだろう。タブレット端末をプロジェクターや大画面テレビに接続すればすぐに上映できる。保護者を招いて一緒に見ることもできる。白方小学校では下級生に一緒に見てもらい，感想や評価を話してもらう機会を設けている。上映会による振り返りはとても重要である。メッセージの伝わる作品にできあがっているか，みんなで考えながら視聴するとよい。映像作品の制作を目的にするのならば，発表会をすれば終わりだが，ビデオレターの場合は，まだ続きがある。でき上がったビデオレターを交流相手に送るのである。

　相手が発展途上国の場合は簡単ではない。白方小学校の交流相手はインターネットどころか，電気の供給もままならないネパールの山岳地帯の小学校である。このようなケースでは，コーディネーターが不可欠となる。福島・ネパール交流実践では，その役割を「福島 ESD コンソーシアム」が果たしている。また，このような取り組みをする場合は，現地の事情に詳しい NPO や現地のユネスコ事務所の協力も必要である。白方小学校とチャンディカデビ小学校の場合は，NPO 法人国際学校建設支援協会やユネスコ・カトマンズ事務所，ネパールのジャーナリスト組織の協力を得ている。

交流相手校のビデオレターが届けばそれを視聴することになる。しかしいきなり見せるのではなく，まず自分たちが作ったビデオレターのメッセージを思い出させながら見る視点を班ごとに話し合わせることが必要である。そして1度目の視聴で気がついたことやビデオレターのメッセージについて再び話し合う。するといろんな視点からの発見が出てくる。2度目の視聴でそれを確認すると，1度目には見えなかったものが見えてくる。そして，新たな疑問をまとめていき，次のビデオレター制作につなげるのである。白方小学校では，遊びについて紹介した班はネパールの子どもの遊びをしっかり見ようとした。また，震災について制作した班はネパールの学校や家の被災の様子を見ている。一方で，楽しそうに遊んでいる様子に心を奪われていた。こうして，話し合いながらビデオレターのメッセージはなんだろうかと考えていったのである。

　ネパールからのビデオレターを見た子どもたちは，このようにしてネパールの子どもたちも自分たちと同じだという印象を持つに至っている。子どもたちは違いを見つけるのではなく，自分たちと同じものを見つけようとする。それはこれまでのビデオレターの実践で何度も経験してきたことである。なぜ子どもたちは相手に同じものを探そうとするのだろうか。人間は本質的に同じであることを確認しあうようにできているのかもしれない。子どものころに異文化間交流を経験することは，さまざまなスキルを身につけるだけではなく，人間として大切なものを自分の力で見つける力を得ることにつながるだろう。このように，ビデオレターは異文化交流の方法として優れているだけでなく，ふるさとをそだて，世界につなぐESDの方法としても優れているのである。

◆参考文献

American Library Association［2011］Digital Literacy（https://literacy.ala.org/digital-literacy/）最終閲覧日 2020 年 11 月 20 日.

Masterman, L.［1985］*Teaching the Media*. Routledge.

Thoman, E. & Jolls, T. [2008] Literacy for the 21st Century: 2nd Edition. Center for Media Literacy.

国立教育政策研究所教育課程研究センター［2012］学校における持続可能な発展のための教育（ESD）に関する研究〔最終報告書〕.

白方小学校から送られたビデオレターを見るチャンディカデビ小学校の子どもたち（2016 年 1 月 21 日）

第7章

福島県白方小学校におけるビデオレター教育実践

鹿又　悟

　福島県須賀川市立白方小学校は 2013 年 9 月からユネスコスクールに加盟している。筆者は 2017 年から白方小学校に勤務し，2018 年からネパールとのビデオレター交流を行っている。2019 年度からは SDGs を実践に取り入れることになった。本章では，2018 年度に担任した第 6 学年，2019 年度に担任した第 5 学年の実践を紹介する。

◆キーワード
　ESD，SDGs，小学校英語，ビデオレター，国際理解教育

1 2018年度の実践

　白方小学校は，須賀川市と郡山市の隣接地域にあたり，**写真7-1** のように田園風景が辺り一面に広がっている地域である。白方小とネパールが交流するきっかけとなったのは，2011年3月11日に発生した東日本大震災（以後震災とする）と，2015年4月25日に発生したネパール地震という共通の体験である。

　2018年度の第6学年は児童数21名であった。彼らは第5学年の時からネパールとのビデオレター交流を行っていた。米についての学習を行い，

写真7-1　白方小学校周辺の写真
（福島大学三浦浩喜教授撮影）

写真7-2　衣装ケースでの稲作

写真7-3　田植えの様子

自分たちで衣装ケースを使い，稲作に挑戦していた（写真7-2, 7-3）。彼らが6年生になった際に，実際の田を使って米作りを行うということを当時の校長から聞いた。震災前には，子どもたちは学校前の田で田植え，稲刈りの経験をしていたが，震災によって中断していたのだ。この事柄を土台に，2018年度の学習が始まった。

（1）　ESDカレンダー

図7-1は2018年度第6学年のESDカレンダーである。ESDのコンセプトをもとに教科・単元を繋げ，ESDで身につけたい能力や態度の育成に教科横断的に取り組むためのカレンダーであり，担任が1年間の流れを見通して計画したものだ。教科との連携を可視化することで効果的に教育目標を達成しようとするもので，カリキュラムマネジメントの観点からも有用性が高い。カレンダーのなかで軸になっているのは，「総合的な学習の時間」と「外国語」である。

（2）　総合的な学習の時間

白方小学校の「総合的な学習の時間」の流れは，「つかむ・調べる・まとめる・発信，行動する」の4つに項目に分かれている。この4つの項目は，表7-1における「課題設定」「情報の収集」「整理・分析」「まとめ・表現」とほぼ対応している。それぞれについて，具体的に身に付けさせたいスキルがある。児童は自分の関心に基づいた5つのグループに分かれ，情報の収集からビデオレターの撮影・編集までを行った。

ビデオレターの内容は児童たち自身が収集した情報から選び，児童が絵コンテを作り（写真7-4），撮影と編集を自ら行った。その過程で，児童は他のグループとの対話を通して自分たちの作業を考え直し，伝えたいことを表現する主体的，対話的で深い学びを行ってきたといえる（写真7-5, 6, 7）。

図 7-1　2018 年度第 6 学年 ESD カレンダー

教科領域	4月	5月	6月	7月	8月	9月	10月	11月	12月	1月	2月	3月
国語												
算数												
理科												
社会												
総合												
外国語												
特活												
道徳												
音楽												
図工												
家庭												
体育												
行事												

国語
- 立場を明確にして主張し合い、考えを広げる討論をしよう（ⅠⅥ・③）
- 町のよさを伝えるパンフレットを作ろう
- 意見を聞き合って考えを深め、意見文を書こう（ⅠⅥ・①②③）
- 話し方を工夫し、資料を示してスピーチをしよう（ⅠⅢⅥ・①②⑦）

理科
- 地球に生きる（ⅠⅢⅤ・①②⑦）

社会
- 縄文のむらから古墳のくにへ（ⅠⅥ・③）
- 生き物のくらしと環境（ⅠⅢ・⑥）
- 長く続いた戦争と人々の暮らし（ⅡⅣ・①③）
- わたしたちのくらしと日本国憲法（ⅡⅣ・②③）
- 租税教室（ⅣⅤ・①⑦）
- 世界の中の日本（ⅡⅣⅥ・③⑥）
- 地球を守るために（Ⅲ・①②）

総合
- 白方から世界へⅠ（ⅠⅡⅣ・①②③④⑤⑥⑦）
- 白方から世界へⅡ（ⅠⅡⅤⅥ・①②③④⑤⑥⑦）

外国語
- 外国の人と交流しよう（Ⅰ・①⑥）

特活
- 学校をきれいにしよう（ⅢⅥ・⑤⑦）
- これからの福島を考えよう（Ⅲ・⑥⑦）

道徳
- 白旗の少女（ⅠⅣ・①③⑥）
- 世界平和への思い（Ⅳ・①②）
- エンザロ村のかまど（Ⅰ・③⑥）
- タマゾン川（ⅠⅢ・②③）
- 東京大空襲の中で（ⅣⅥ・②⑥）

家庭
- 夏をすずしくさわやかに（Ⅲ・②③）
- 病気の予防（Ⅳ・②⑥）
- 冬を明るくあたたかく（Ⅲ・②③）

体育
- 体と食（食事/体育）

行事
- 運動会（ⅤⅥ・⑤⑦）
- おやつ作り（ⅤⅥ・⑤⑦）
- 愛校作業（ⅤⅥ・⑤⑥）
- 担々母参観（ⅤⅥ・③⑤⑦）
- 8020 ふれあい給食（Ⅰ・④⑥⑦）

白方タイム
スキル

（ ）：「持続可能な社会づくり」の構成概念Ⅰ〜Ⅵ・ESD の視点に立った学習指導で重視する 7 つの能力・態度①〜⑦　Ⅰ多様性　Ⅱ相互性　Ⅲ有限性　Ⅳ公平性　Ⅴ連携性　Ⅵ責任性
人との関わり（国際理解・協力）　自然・社会との関わり（環境）

表 7-1　育てたいスキル（高学年）

〈育てたいスキル〉　高学年　◎身に付けさせたいもの　○体験させたいもの ※体験したものをマーカーでチェック　ピンク…ほぼ身についた　黄色…体験させた ★表にないスキル（追加）…赤で記入	
課題設定	○自分の興味・関心や体験したり調べたりして考えたことをもとに， 　課題を設定し，見通しをもって学習の計画を立てる。 ○複数のものを比較する。（体験，資料） ○KJ法的な手法を用いて，気づきや疑問点を類型化し，課題を見い出す。 ○グループ毎にワークショップや編集会議を行い，課題解決に向けた 　見通しをもつ。
情報の収集 〈取材・調査の方法〉	◎図書室・図書館の活用　◎インターネット　◎資料・統計の活用 ○見学　○目的に応じたインタビュー ○電子メール　★算数の体積・容積　★1あたりの単位量　★アポイ ントメント ○ファイル，PCフォルダに情報を集積・整理する。★アンケート 　★チラシ・おたより作成・配付 ○フリップボードを提示してのインタビュー
整理・分析 〈方法・視点〉	〈方法〉 ◎集めた情報をカードに書き出して整理・分類する。 ◎グラフで整理・分析する。 ○地図に整理し，他の情報と関連づけて考える。 ○集めた情報をランキングして整理する。 〈視点〉 ◎グラフや表にし，事象の特徴を客観的に捉え，考えの根拠とする。 ○メリット・デメリットの視点で吟味する。
まとめ・表現 〈相手・方法〉	〈相手〉 ○家族　○友達　○異学年　○全校生　○地域の人　○外国の人 〈方法〉 ◎レポート　◎ポスター　◎プレゼンテーション　◎ビデオレター ○パンフレット　○プレゼンテーション　○自分史　★提案書 〈形態〉 ◎ポスターセッション　◎討論会　○ワークショップ

出典：白方小で作成.

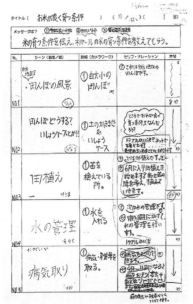

写真 7-4　絵コンテ

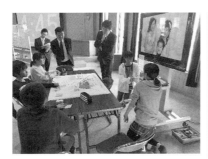

写真 7-5　ワールドカフェの様子

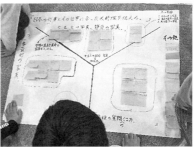

写真 7-6　KJ 法の様子

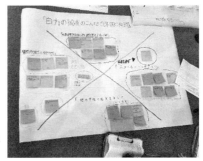

写真 7-7　X チャートの様子

写真7-8　英語でかっぱ巻き調理実習　　写真7-9　かっぱ巻きの作り方の英文資料

(3) 外国語

　大学からゲストティーチャーを招き,「外国語」の活動の一環として「英語でかっぱ巻き調理実習」を行ったときも,その様子を映像で記録した(写真7-8)。いわせ地域のきゅうりは夏場生産量が日本一なので,白方のコメに関する学習と合わせてかっぱ巻きが選ばれたのだ。児童たちは,ゲストティーチャーの英語の指示や手元にある英文の資料(写真7-9)にしたがって,かっぱ巻きを調理した。撮影された映像はネパールに発信する他に,法政大学の動画共有サイトを利用し,他の国や日本各地の小・中学生にも見てもらえるようにした。

2　2019年度の実践

　2019年度は第5学年の担任となり,新たにSDGsの視点も取り入れた。SDGsを取り入れた実践の流れは表7-2のとおりである。
　2018年度の課題として他者意識の弱さがあった。ビデオレターを作成するなかで,児童たちが作品作りにのめり込むと,相手のことを考えて作る意識が徐々に薄れる様子がみられたのだ。そこで,大学からゲストティーチャーを招き,ネパールのビデオレターを見て,言語が違う相手が何を

表 7-2　SDGs を取り入れた授業実践の流れ

段階	関連ある SDGs	内容
課題設定	4 質の高い教育をみんなに	田植え体験を行い，田んぼに関する疑問を深めた
情報の収集	6 安全な水とトイレを世界中に	水路から水の大切さを知らせたい
	9 産業と技術革新の基盤をつくろう	機械の発達について知らせたい
	12 つくる責任つかう責任	米から変化している物について知らせたい
	15 陸の豊かさも守ろう	米の歴史について知らせたい
	3 すべての人に健康と福祉を	お茶碗 1 杯分など，お米の大切さを知らせたい
まとめ・発信	17 パートナーシップで目標を達成しよう	ネパールと交流し，日本との米文化の同異点について知り，今後の関係性を保ちたい
学習全体のゴール	2 飢餓をゼロに　11 住み続けられるまちづくりを	白方と外国の米作りと食文化はどうちがうのか？

写真 7-10　他者意識を考える授業

写真 7-11　注意深くビデオレターをみる

伝えたいのか，どこからその情報を読み取ることができるのか，という授業を複数回行った（写真 7-10, 7-11）。児童は「学校の中には明かりが無く暗い」「日本の学校より小さく，1 階建て」などとネパールの学校の様子を読み取った。また，「白方小が送った楽器のお礼のビデオレターだ」など，伝えたい内容を読み取ることもできた。さらに，「電線があるのに，なぜ電気が通っていないのか」といった問いを投げかける児童もいた。

　ネパールからのビデオレターを見ることで，自分たちの環境と異なる部分を知ると同時に，同じ部分にも気づくことができた。そのことが，自分たちがビデオレターを作成するなかでの工夫ポイントにもなったのである。白方小学校第 5 学年における「総合的な学習の時間」の学習指導案は資料 7-1 に示したとおりである。

資料 7-1　学習指導案

1　単元名　「白方から発信〜白方の環境〜」

<table>
<tr><td colspan="2">本単元と持続可能な社会づくりの構成概念との関連</td></tr>
<tr><td>I　多様性</td><td>・・・ネパールの環境・文化を理解することで，白方の地域からネパールに何ができるかを考え，実行しようとする。話し合いを通して，ネパールへ自分たちができることを実践する。</td></tr>
<tr><td>II　連携性</td><td>・・・ネパールとの関係を保ち，交流の中で自分たちの暮らしと比較することで，環境や文化を理解することができる。</td></tr>
<tr><td>III　責任性</td><td>・・・他者意識を持って自分の考えを積極的に伝えることや進んでコミュニケーションをとり，よりよい未来のためにパートナーシップを取ることができる。</td></tr>
</table>

<table>
<tr><td colspan="4">白方小学校の ESD で育みたい能力・態度の内容</td></tr>
<tr><td>〈多様な観点と見通し〉
　国の環境や文化を理解し，自分が何をできるか考え，実践することができる力。</td><td>〈交流と協力〉
　自分の考え・思いを表現する力。他者意識を持ち，行動に移すことができる力。</td><td>〈つながり〉
　外国に対して，関心を持ち,自国との相違点,共通点を見出し,お互いの文化を尊重する力。</td><td>〈主体的・計画的〉
　自分達の考えを表現し進んで外国とコミュニケーションを取ろうとする力。</td></tr>
</table>

2　ESD を念頭に置いた目標と指導観

<table>
<tr><td>目　標</td><td>【SDGs の目標 11：住み続けられるまちづくりを
　　　　　目標 17：パートナーシップで目標を達成しよう】
ゴールの設定・ネパールとのビデオレター交流を通して，環境，文化の違いを理解するとともに，自分たちの環境，文化を振り返る態度を育てる。また，交流することでネパールの現状を理解し，他者意識を持つことで，相手を思いやる心情を育てる。</td><td>
</td></tr>
</table>

<table>
<tr><td colspan="4">こんな子どもだから</td></tr>
<tr><td>〈多様な観点と見通し〉
○好奇心旺盛な児童が多く，さまざまなことを実践しようとする児童が多い。
○既習のスキルを使い，まとめることができる。</td><td>〈交流と協力〉
○友達と意見を交わしながら学習を進めることが好きである。
●友達の助言を素直に受け止め，次に活かすことが難しい。</td><td>〈つながり〉
○世界の食べ物について関心がある児童が多い。
●自分の班のビデオレター作成で満足してしまい，繋がりに欠ける。</td><td>〈主体的・計画的〉
●自ら創意工夫を凝らして，主体的に行うことができるが，計画的に行うことはできない。</td></tr>
</table>

こんな教材で
・ビデオレターを再度見ることで，自分たちと環境が違うことを再認識する。米文化で共通すること，自分達の生活での共通点，相違点を取り出す。
・国語科「考えを明確にして話し合い，提案する文章を書こう」，社会科「わたしたちの生活と食料生産」，「わたしたちの生活と環境」，家庭科「食べて元気！ご飯とみそ汁」，外国語活動で学習した表現などと関連させて学習を進めることで，「食と地域」の関係について常に考えながら学習させる。

こんな手立てで

・作成した絵コンテやビデオレターを見合うことで，1つの作品としてビデオレターを作成させる。
・集団として，相手に届けたいメッセージを大切にし，見通しを持ってビデオレターを作成させるようにする。
・ネパールのビデオレターを定期的に見ることで相手意識を大切にさせる。

3 単元の目標

① ビデオレターでの作成を通して，自分達の生活の中で体験したことや考えたことを外国の人たちに分かりやすく表現するとともに，進んで外国の人たちとコミュニケーションを取ろうとする態度を身に付けることができる。

② 白方地域の生活，文化を他国と比較することで，自分達の生活を振り返ることができる。

③ 他者意識を持つことで，ネパールとの関りを持とうとする心情を養うことができる。

4 指導計画と評価規準（本時 25 ／ 40）

段階	主な学習活動（時数）	多様な観点と見通し	交流と協力	つながり	主体的・計画的
課題の設定	〈稲作とネパールについて〉(6) ・「田植え」体験をする。 ・田植え体験から分かったこと，疑問点を発表し合う。 ・ネパールのイメージをウェビングマップに書く。 ・ビデオレターで伝えたい内容を話し合い，グループ分けを行う。	田植えの経験から米ができるまでの中で調べたいことを洗い出し，たくさんの視点から今回の学習について関心を抱くことができる。	自分と友達の考えを比較することで，新たな気付きについて発見することができる。	外国とのつながりを大切にすることで，外国の文化や環境について理解することができる。	自分がどのようなビデオレターを作り，どのようなメッセージを送りたいかイメージを持って取り組むことができる。
情報の収集	〈伝える内容を決め，調べよう〉(13) ・私たちの地域から，題材になるものを考える。 ・ネパールのビデオレターを見て，他者意識をもつ。 ・ポスターを作成し，まとめる。 ・伝えたい内容を基に，絵コンテを作成し，計画を立てる。 ・絵コンテの発表会を行う。	ビデオレターを見て，分析的にメッセージを読み解くことができる。 相手意識を持った絵コンテを作成している。	これまでの生活，体験を基にしてビデオレターで伝えたいことを話し合うことができる。また，ビデオレターに活かそうとすることができる。	ネパールとのつながりを大切にしてビデオレターの内容を決めることができる。 自分たちの生活の中にも外国とのつながりに気付くことができる。	絵コンテ作成や撮影の順序を考えて計画をたてることができる。 各班で作成した絵コンテを基に一つのストーリーとして作成することができる。
整理・分析	〈自分たちの想いを形にする〉(15) ・ネパールからのビデオレターを見て，他者意識を確認する（本時） ・絵コンテをもとにビデオレターの撮影・編集を行う。 ・中間発表を行い，アドバイスをもらう。	どのように撮影すれば相手に分かりやすく伝わるのか工夫しながら行うことができる。	友達と協力しながらビデオレターの撮影・編集を行うことができる。	環境が違っていてもつながりがあることを意識して，ビデオレターを作成することができる。	グループでの役割分担を行い，一時間一時間の見通しを持って撮影・編集をすることができる。
まとめ・表現	〈今までの活動を振り返ろう〉(6) ・ビデオレター発表会を行う。 ・ネパールのビデオレターを見る。 ・今までの活動を振り返り，学習の前後での自分の変化について知る。	今回の経験から今後に活かせそうなことを話し合い，考えをまとめることができる。	外国との交流で自分の視野を広げることができる。	ビデオレター交流から，外国と協力したり，助け合うことの大切さを理解することができる。	ビデオレターを見て，今後の生活に活かせそうな点について自分の考えを持つことができる。

5 ねらい〈第25時〉

　ネパールのビデオレターからネパールの環境について再度読み取り，他者意識をもつことができ，自分たちのビデオレターに活かすことができる。

6 指導過程

段階	学習活動・内容	時間	○指導上の留意点　＊ESDの視点に立った留意点 ・評価　〈ESDで重視する能力・態度〉
導入	1 本時のめあてを持つ。 (1) めあてを確認する。	5	
	ネパールのビデオレターから，相手のメッセージを読み取ろう。		
	(2) 相手のメッセージをなぜ，知る必要があるのか考える。		＊他者意識を持たせることで，文化や環境を知ることができ，相手へ思いを込めたビデオレターを作成することができる。　〈交流と協力〉〈つながり〉
展開	2 ビデオレターを見て，メッセージは何か考える。 ・映像を見て，グループでくらげチャートに付箋を貼る。	20	○くらげチャートの説明をし，ビデオレターを見て分かったことを付箋に書く。 ○気になった映像やもう一度見たい場面に関しては，全部見た後，見せるようにする。
	3 KJ法を取り入れ，同異点にまとめる。 ・くらげチャートに島分けをする。 〈島分けの観点〉 ・頭…伝えたいメッセージは何か ・足…メッセージが分かった根拠	5	＊ネパールのビデオレターから伝えたいメッセージは何かを考える。　〈多様な観点と見通し〉 ＊KJ法から伝えたいメッセージとメッセージが分かった根拠を明確にする。 〈多様な観点と見通し〉〈交流と協力〉
	4 坂本先生から他者意識の重要性，ビデオレターが相手に伝わりやすくなるポイントについて話しを聞く。 ・自分たちの情報をもっとわかりやすくするためには，どのような工夫をすればいいのか，話し合い，発表する。	10	＊自分たちも「こうすれば，わかりやすくなる」「相手に伝わりやすくなる」などの自分たちの改良点を話し合い，根拠の中から選ぶ。 〈多様な観点と見通し〉〈交流と協力〉 ・ネパールのビデオレターから，相手のメッセージが何かを考え，ネパールの人たちに対して分かりやすいビデオレターを作成しようとしている。 （話し合い・模造紙） 〈多様な観点と見通し〉〈交流と協力〉〈つながり〉 ○各グループで工夫したいことを紹介し，内容を共有させる。
終末	5 感想を書き，次時の見通しをもつ。	5	○「今回学んだこと。」「次に活かしたいこと」を各自でふり返り，次時へつなげる。

7 授業観察の視点

① 友だちと意見を交流しながら行う活動において，くらげチャートは効果的であったか。

② ネパールのビデオレターの内容を読み取り，情報を収集することができたか。

③ 自分の意見を表現するのが苦手な児童は，どのようにして話合いに参加していたか。

表 7-3　ビデオレター教育と ESD の関係性

		ビデオレター教育		
		製作過程	交流過程	振り返り過程
ESDの能力・態度	進んで参加する態度（主体的・計画的）	◎	○	◎
	未来像を予測して計画を立てる力（主体的・計画的）	◎	○	◎
	多面的・総合的に考える力（多様な観点と見直し）	◎	○	◎
	他者と協力する力（交流と協力）	◎	○	○
	コミュニケーションを行う力（交流と協力）	○	◎	○
	つながりを尊重する態度（つながり）	○	◎	◎
	批判的に考える力（多様な観点と見通し）	○	◎	◎

表 7-4　児童の感想

・自分の地域の再認識ができたこと。また，交流した国の文化・郷土を知ることで，自分達の生活と比較して考えることができた
・人との関わりを大切にすることを学んだ。（学級・外国の人）
・自分の国と相手の国・地域の環境の違いを知ることができた
・自分たちのくらしを当たり前だと思ってはいけない。裕福な暮らしをしているという認識
・もっとたくさんの事で，ネパールの人たちと関わり合いたい。
・実際にネパールに行って，会ってみたい

3　ビデオレター教育がもたらす効果

　ビデオレター教育と ESD で身につけたい能力や態度との関係性は，表7-3 のように整理される。完成したビデオレターを交換することを活動のゴールとするのではなく，途中経過として位置付けることによって，自分自身の振り返りや日本や地域の文化の再認識，これからの価値観に繋がることなど，様々ないい効果が生まれている。児童の感想からもそのようなことが伝わってくる（表7-4）。

　ビデオレター教育は，制作過程での友だちとの交流を通じてコミュニケーション能力を育て，自他のビデオレターに対して一つのテーマから様々

なベクトルを描いて思考し続けることで，様々な明るい未来を見出すものになる。また，ビデオレターの作成過程で行う情報の収集，絵コンテづくり，撮影，編集は，2020年度から実施されるプログラミング教育の一貫を担う教材になるであろう。多くの人が実践し，たくさんの輪で繋がることを願っている。

第8章

映像教育の理論と実践

千葉偉才也

　本章では，東日本大震災と福島第一原発事故によって避難を余儀なくされた福島県双葉郡の教育について記述する。まず，双葉郡が置かれている状況を概観し，次に復興に向かう状況下で生まれた双葉郡独自の探究学習「ふるさと創造学」について説明を行う。そして，複数の学校における取組み事例を確認し，復興における教育の役割を検討する。

◆キーワード
　　福島県，避難，復興，ふるさと創造学

1 東日本大震災と教育環境の変化

（1） 避難と帰還

　2011 年 3 月 11 日に発生した東日本大震災とそれに伴う福島第一原子力発電所の事故は，東日本全域とりわけ東北地方に甚大な被害をもたらした。この災害は，地震や津波などの自然災害の他に，原子力発電所の事故による原子力災害も併発したことによって，福島県を中心に多くの避難民を生み出す大災害となった。

　福島県では，福島第一原発が位置していた双葉郡（広野町，楢葉町，富岡町，川内村，大熊町，双葉町，浪江町，葛尾村）を中心に政府による避難指示が発令された。図 8-1 にあるように，福島第一原発を中心に 20 キロ圏内を警戒区域，30 キロ圏内を緊急時避難準備区域，それ以外に放射線飛散の濃度によって計画的避難区域と指定された地域の 3 種の地域に区切り，避難指示を発令した。

　居住地域から避難を余儀なくされた住民と自主的な避難を決断した住民は，ピーク時には県内外 16 万 4,865 人（2012 年 5 月，福島県公表）となり，9 年目を迎えた 2020 年 3 月時点においても，4 万 335 人（2020 年 3 月，福島県公表）もの住民が県内外に避難する状態が続いている。

　子どもたちに注目すると，2012 年 4 月時点で市町村が把握している限りで 18 歳未満の 3 万 109 人が避難状態にあり，避難先の学校への転校を行い，その後段階的に整備された町村立の仮設校舎での学校再開に伴って，元の学校に戻る者，そのまま避難先の地域の学校生活を継続する者など，対応は様々であった。なお，2019 年 4 月時点では 18 歳未満の避難者数は，1 万 7,487 人となっている（いずれも全国避難者情報システム調べ）。

　その後の政府による段階的な避難指示の解除に伴い，帰還を果たした自

図 8-1　避難区域の状況（2011 年 4 月 22 日時点）

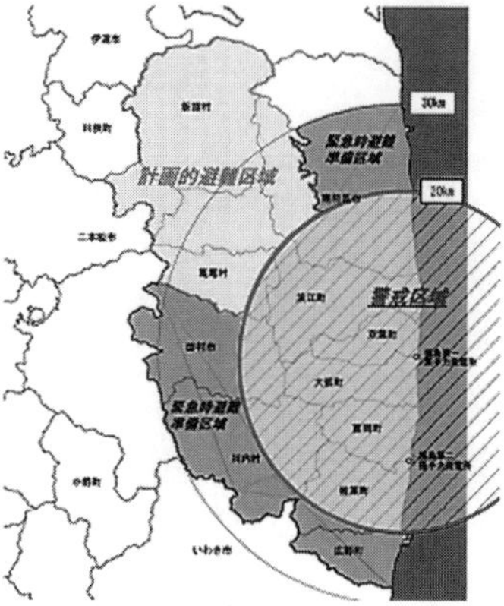

出典：福島県ふくしま復興ステーション

治体では行政区域内での学校再開が進められた。双葉郡においては，2012 年 4 月には川内村が村内で学校を再開し，同年 9 月に広野町が続いた。2019 年 4 月時点においては，大熊町，双葉町の 2 町を残し，6 町村で自治体内での学校再開に至っている。その一方で，避難先での区域外就学や仮設校舎で学ぶ子どもたちも一定数おり，教育を取り巻く環境は複雑化している。

（2）　双葉郡における教育

　震災以降の双葉郡の自治体では，避難により教育環境が悪化した子どもたちのために町村立の学校を仮設校舎にて再開させるなど環境の改善に努めてきた。しかし，進路展望を描くことの難しさや生徒数の減少によって集団行動が困難になること等，一つの自治体では解決ができない課題に直面することになった。

　また，福島第一原子力発電所の事故による深刻な問題，特に放射線への対応や，避難を契機に加速した人口減少，高齢化の問題，さらには複雑化

した地域コミュニティの再生など，学校や教育だけで解決が難しい課題は山積している。

　こうしたなか，教育からの復興を推進する流れも生まれ，複雑化した地域の状況を踏まえた探究学習の構築に向けて自治体の枠を超えた広域連携による論議が始まった。震災以前は，教育行政に限らず郡内での広域連携が積極的に行われなかったが，未曽有の災害によって連携が創出されたことは，復興における教育の役割への期待があったからだと考えられる。

(3)　復旧と復興

　被災地域において，復旧と復興の議論は常に存在しているが，教育においても同様の議論は存在する。内閣府は，復旧を2種類に分け，「被災した河川，道路などの公共土木施設や学校等の公共施設，ライフライン等を被災前と同じ機能に戻すこと」を原型復旧，「再度の災害防止の観点から原型復旧だけでなく被災施設やそれに関する施設を改良すること」［内閣府 2016］を改良復旧と呼んでいる。復旧に対し，「被災地において被災前の状況と比較して『安全性の向上』や『生活環境の向上』，『産業の高度化や地域振興』が図られる等の質的な向上を目指すこと」［内閣府 2016］は，被災地域における復興とされる。

　一般に被災地域における教育は，主に復旧を目指して取組まれてきたが，福島県双葉郡においては復旧よりも復興が色濃い現実がある。それは，震災と原発事故によって，それまで教育活動を行ってきた環境が激変し，単純に元通りを目指す復旧は現実的ではなく，逆にそうした激変した環境を学びの要素に捉えなおし，復興を目指すことの選択しか残らなかったとも考えられる。避難指示解除後に，自治体区域内で公教育が再開される場合においても，児童数，生徒数，学校を取り巻く環境など，震災前のそれとあまりにも違い過ぎることは，震災と原発事故の経験の上に復旧するのではなく，教育復興を行っていくことへ舵を切る大きな要因ともなったので

はないか。震災以降の福島県の教育政策，双葉郡の教育方針と実践は，そうした状況の上に構築が進んだと理解している。

2　福島県双葉郡の教育実践

（1）　ふるさと創造学

　福島県では，双葉郡の教育復興を協議する場として双葉郡教育長会，県教育長，福島大学教員，文部科学省，復興庁などから成る「福島県双葉郡教育に関する協議会」（2012 年 12 月 18 日設置，以下，復興協）が設置された。復興協では，以下の 5 つの方針に基づき，双葉郡の教育復興を実行していくための「双葉郡教育復興ビジョン」（2013 年 7 月 31 日公表，以下，ビジョン）を発表した。

　①震災・原発事故からの教訓を生かした，双葉郡ならではの魅力的な教
　　育を推進する。
　②双葉郡の復興や，持続可能な地域づくりに貢献できる「強さ」を持っ
　　た人材を育成する。
　③全国に避難している子供たちも双葉郡の子であるという考えのもと，
　　教育を中心として双葉郡の絆を強化する。
　④子供たちの実践的な学びが地域の活性化にもつながる，教育と地域復
　　興の相乗効果を生み出す。
　⑤双葉郡から新しい教育を創り出し，県内・全国へ波及させる。

　ビジョンにおいて示された方針は，震災以降の双葉郡の子どもたちが，学校を取り巻く環境や地域コミュニティにおいて直面した課題を教育によってどのように解決していくかを検討した結果である。ビジョンを踏まえ，

双葉郡の各町村では 2014 年度から学校が地域を題材に取組む探究学習「ふるさと創造学」を設置し，学習を開始することになった。

　ふるさと創造学は，子どもたちが日常生活や地域社会をテーマに，自ら課題設定と解決のために思考するアクティブラーニングを目指しており，総合的な学習の時間を中心に学習を進めている。文部科学省が進める探究学習のプロセスである，課題の設定，情報収集，整理・分析，まとめ・表現のサイクルを回しながら取組んでいる。

　こうしたアクティブラーニングは，新学習指導要領で重要な考え方となる「主体的・対話的で深い学び」をいち早く導入する場として様々な取組みが行われている。外部人材を活用した授業構築や，企業や NPO などとの連携した学びの設計，さらには ICT を活用した外国との連携授業など，町村によって多様な取組みが進められた。

(2)　富岡町立富岡第一小学校・第二小学校の実践

　福島第一原子力発電所から 10 キロ圏内に位置し，町内に福島第二原子力発電所が立地する富岡町は，震災以降，郡山市に役場機能を移転し，学校施設は 2011 年 9 月に郡山市に隣接する三春町の工場跡地に設置された。震災前は，小学校 2 校，中学校 2 校が独立していたが，震災以降は児童・生徒数の激減に伴い仮設校舎に幼稚園から中学校まで 5 つの教育機関が同居する形で，一つの学校として学習を継続した。

　ふるさと創造学が始まった 2014 年度からは，小学校 5 学年がラジオ番組制作を通じた地域理解「こどもラジオ放送局」［一般社団法人ヴォイス・オブ・フクシマ 2018］に取組み，取材を通じた世代間交流や，富岡町について主体的に学ぶことを目指している。この学習は，富岡町が有する臨時災害放送局の協力によるもので，子どもの声を身近に聞くことが少なくなった避難住民のニーズに応え，子どもたちを主役にした番組制作を企画した放送局側と，伝え合う力を育ませたいと考えていた学校側の希望が合致す

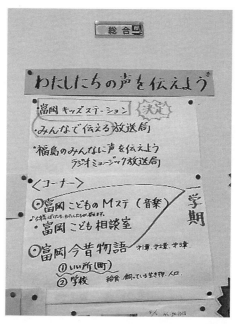

写真8-1 2014年度こどもラジオ放送局の企画内容（一般社団法人ヴォイス・オブ・フクシマ提供）

る形でカリキュラム化された。

　初年度は「私たちの声を伝えよう」というテーマで，ラジオ番組の企画を2本決定し，番組制作に取組んだ。

　1つ目の番組は，全校児童の好きな歌をランキング形式で紹介する「富岡子どもMステ」。2つ目の番組は，子どもたちが知っている富岡町と，昔の富岡町を知っている地域の人々に話を聞き，違いを比べる「富岡今昔物語」となった。番組制作は，年度を通じ，複数回実施され，放送を踏まえて次回の取組みを再検討するなど，探究のサイクルを複数にわたり回す取組みとなった。

　この取組みは，2018年3月の富岡町臨時災害放送局の閉局以降も小学校5学年のカリキュラムとして継続し，2018年度以降は2022年3月に

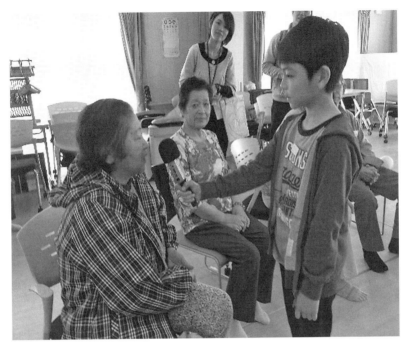

写真 8-2　富岡今昔物語の取材の様子（一般社団法人ヴォイス・オブ・フクシマ提供）

閉校が決定した仮設校舎における学びの記録を残す，アーカイブ活動の役割も担っている。

（3）　浪江町立浪江中学校の実践

浪江町は，福島第一原発から 10 キロ圏内に位置し，2011 年 3 月時点は双葉郡内で最も人口の多い約 2 万 1,434 人［浪江町 2019］を有する自治体であった。震災以降は，役場機能を二本松市に移転し，学校教育も同市内において仮設校舎の整備を進めた。

浪江町立浪江中学校は，津島中学校，浪江東中学校を含む形で 2011 年 8 月に二本松市内の仮設校舎で再開し，町立の学校教育を継続してきた。

2014 年度から始まったふるさと創造学においては，震災以前から行ってきた個別テーマの個人探究活動を継続し，新たに避難先における視点を加える形で，探究学習の構築を進めた［浪江中学校 2015］。

初年度において 3 学年は，過去 2 年間の学びの蓄積の上にテーマを設定した。1 学年時のテーマ「地域を，地域に学ぶ」，2 学年時のテーマ「生き方を地域から学ぶ」を踏まえ，ふるさと創造学として設定した 3 学年テーマは「浪江町に活かそう—浪江をなくさないためにできることはなにか？—」とした［浪江中学校 2014］。それまで，震災以前の浪江町の地域理解を中心的に学んできた探究学習を，避難状態のなかでも主体的に物事を考えるといった探究学習に発展させた。避難によって変わった環境をテーマに探究のサイクルを回していくことを試みたのである。

まず，学習に入るにあたり浪江町の復興に携わる個人，NPO による講演会を実施し，それぞれが避難先で取組んでいる活動，また生徒たちに考えて欲しいことについてヒアリングを行った［浪江中学校 2015］。

次の段階で生徒たちは講演者の発言の中に度々出る「浪江町にこだわる」という表現に着目をし，「こだわり」をテーマにパネルディスカッションを開催した。パネルディスカッションには，講演を行った方々の他に，生徒，教員が参加をした［浪江中学校 2015］。パネルディスカッションを通じ，生徒たちは「浪江を知っているのは長く住んでいた人たち。若い人にはわからない想いがある」［浪江中学校 2014］ことを知り，その気付きから生徒たちは仮設住宅でのインタビューを行った。その結果，浪江町に対して世代や環境によって異なる想いを持っている人たちがいることに気付き，その上で整理，分析を試みた。

そうした探究のサイクルを回しながら「自分たちにできることは何か？」という問いと向き合い，最終的には提言を考案することを試みたが，年度内に提言まで到達することはできなかった。しかし，教員の振り返りによると「浪江への想いを心で感じる機会になった。将来どんな生き方をしたいかを考えることにつながった」［浪江中学校 2015］とされ，多様な考

えと向き合い，自らの人生に対して問いを持つ契機になったといえる。

　浪江中学校は，2019年3月で生徒減少により休校となった。浪江中学校で取組まれていたふるさと創造学は，2018年4月から浪江町内に新たに開設された浪江町立なみえ創生中学校に継承されている。

（4）　被災地域における探究学習

　震災以降，双葉郡におけるふるさと創造学に代表されるような，地域環境，地域資源を題材とした探究学習の取組みが増えたのは，複雑化した地域コミュニティと向き合わずして教育が成立しないためであった。子どもも教員も，被災し，社会課題と直面する当事者である現実を，教育現場が無視することは困難であり，そうした課題と学習の中で向き合うことが，子どもたちにとっての生きる力を育むことにつながり，復興を助ける教育に成り得るという認識が共通して醸成され始めたのである。

　次節で触れるが，双葉郡広野町では，2015年度からふるさと創造学として映像制作を通じた地域探究の学びが開始された。これは，これまで説明をしてきた富岡町や浪江町の事例とは異なり，避難を終えて地域へ帰還した後にどのような学びを行うべきかという，復興期における次段階の学びの構築を目指したものであった。こうした復興によって変わりゆく教育環境に対応するニーズも被災地域では高まっている。

　また，ふるさと創造学の枠組みとは異なるが，双葉郡に隣接する相馬郡飯舘村の中学校では，避難先の福島市の仮設校舎で取組んだ2017年度のふるさと学習において「避難解除後に村に戻るべきか？　戻らないべきか？」をテーマに議論を重ね，文化祭において公開ディベートを開催した。こうした地域社会で課題となっているテーマを扱い，子どもも大人も問いと向き合う事例が増えていることも，被災地域の学びの特色として挙げることができる。

　復興の状況は，地域性や避難のしかたなどによって多様化し，複雑化し

ている。そうした復興を教育がサポートするためには，その時々の住民が
置かれている状況，復興の段階を整理し，どのような学びを学校教育の中
でカリキュラム化していくかの柔軟性が求められている。2011 年，2012
年に仮設校舎を中心に構築された探究学習は，当時の状況下では画期的な
取組みが多くなされてきたのは事実である。しかし，発災と避難から 10
年目を迎えて，当時とは双葉郡の教育環境が大きく変わっている現実とも
向き合わなければならない。流動化する社会情勢，複雑化した被災地域の
地域コミュニティ，その中で再開した公立学校を運営していくためには，
多様な価値観や多様な学びについて，常に検討が必要になるのは当然であ
る。そのためにも，学校，行政，住民が連携しながら学校教育の在り方を
考えることが益々重要になると考えられる。

3　広野町における映像制作教育

（1）　ふるさとへの帰還と学びの構築

　福島県双葉郡広野町は，福島第一原発から 20 キロに位置し，双葉郡の
最南端，いわき市に隣接している。震災以降は，ほぼ全町民が避難を余儀
なくされたが，2012 年 3 月双葉郡内ではいち早く役場が町内で再開し，
同年 10 月からは学校教育も町内で再開を果たした。双葉郡における自治
体内での学校再開は，2012 年 4 月から再開した川内村立小中学校に次い
で 2 番目となり，避難を経験した子どもたちとどのように学校教育を構
築するかが大きな課題となった。
　2014 年度から双葉郡の小中学校ではふるさと創造学が開始され，広野
町でも小中学校において，ビジョンが示した方針に沿う形で探究学習の構
築が始まった。しかし，当時の広野町の状況は，避難先から帰還する町民
の他に，帰還困難区域から移ってきた住民，復興作業に携わる作業員など，

多様な住民が混在する地域となっていた。2015年10月に楢葉町の避難指示が解除されるまで，福島第一原子力発電所に向かう最前線の復興拠点として，また，東京電力復興本社が設置されたJヴィレッジを抱える町として，旧住民よりも作業員の人口が多い町であった。そうした状況において，どのような学びを町立学校で構築するかは，町にとって難しい課題であった。

（2）　映像制作を通じた地域探究の学び

　広野町教育委員会では，複雑化した町内環境，さらには避難の過程で様々な経験をした子どもたちへ，どのような学びが適しているかを検討し，2015年度から広野中学校において映像制作を通じた地域探究の学びを実験的に導入することを決定した。

　広野町教育委員会が，映像制作を通じた地域探究の学びを採用した背景には，震災以降，子どもたちがマスメディアからの取材を多く受けてきたことへの危惧や，避難によって複雑化した地域コミュニティが抱える問題，さらには復興に向かう中で日々変わる故郷の様子を記録する必要性があった。広野町教育委員会がふるさと創造学の設計において重視したのはこうした点［ひろの映像教育実行委員会 2015］である。

a）　震災以降増えたマスメディアから子どもたちへの取材

　福島県に限らず，被災地域では住民がマスメディアから取材を受ける機会が激増した。それは子どもたちも例外ではなく，仮設住宅や仮設校舎，帰還後の学校などでも多くの記者が取材を行った。広野町教育委員会では，こうした状況において，情報を正しく相手に伝えることや，どのような意図があって取材活動が行われるのかなどの理解を子どもたちにも習得させる必要性を感じていた。

b)　複雑化した地域コミュニティとの接点を創出

　避難を余儀なくされた地域では，従来の地域コミュニティを帰還後に維持することが困難な状況にある。そうした中で，学校は地域を題材にした探究学習や，地域に拓かれた学校教育の実現を目指したが，現実的に子どもたちが地域コミュニティと接点を見出すことはむずかしかった。避難先では，集合した仮設住宅内に新たなコミュニティが生まれ，多世代交流が容易にできたが，帰還後は地域内に分散され，直接的な接点を持つ機会は失われた。また，帰還を果たした自治体では，スクールバスによる通学が導入され，子どもたちが自由に地域を歩く機会が激減したことも，地域コミュニティとの接点の欠如の要因と考えられた。そうした中で，地域住民に直接的に接点を持ち，コミュニケーションをはかることの重要性は高まっていった。

c)　変化する故郷を記録する

　災害からの復興において，ハード面の整備は重要な部分を担うが，同時にそれは地域の環境を大きく変えることを意味する。特に，津波被害のあった沿岸部においては，堤防や防潮堤などの建設ラッシュが始まった。また，前述の通り，復興を進める最前線の町として，宿泊施設の建設や仮設住宅の整備などが進み故郷の景色は大きく変わりつつあった。その状況において，町の記録をアーカイブすることの意義は増していた。同時に，時と共に変化する住民感情なども記録していくことも，ハード面同様に重要視され始めていた。

　こうした広野町の状況に鑑み，広野町教育委員会が実験的な導入を決定したのは，オーストラリアで2000年から公教育に採り入れた映像制作教育「シネリテラシー」であった。

（3） 映像制作教育シネリテラシー

　広野町教育委員会が実験的に導入を決めた映像制作教育シネリテラシー
は，オーストラリアの最大都市であるシドニー市を有するニュー・サウ
ス・ウェールズ州（以降，NSW）の国語科の公教育として 2001 年から実
施されているカリキュラムである。

　オーストラリアでは，政府の教育指針に基づき全国でメディア教育を実
施しているが，NSW は独自の取組みとして映画制作を中心に据えたシネ
リテラシーを州カリキュラムに制定した［千葉 2004］。この取り組みは子
どもによる映像制作を通じ，メディアを批判的に理解することを目的とし
ている。これは，バッキンガム［2003］が主張してきた子どもによる制作
を重視した手法を参考にし，完成した作品を「振り返り反省する作業」が
理論的学びと同時に必要だとする考えである。

　この実践を伴うメディア教育は，理論的な学びだけのメディア教育に比
べて，母国語が英語でない子どもたちへの教育効果も認められている。

　また，制作を通じ表現に関しての議論も生徒間でかわされるため，表現
の善悪のモラルなどについても活発に意見交換がなされる。多文化・多民
族のオーストラリアの教室では，人種や文化，宗教に政治など様々なテー
マについての議論がメディア制作にむけて行われ，その作業を通じ英語だ
けではなく道徳なども含めた総合的な学びが行われている。オーストラリ
アでは，国語科としてドラマ作品に取組むが，広野町教育委員会において
は，地域の現状や課題を題材にするふるさと創造学としての導入であるた
め，ドキュメンタリー作品の制作に取組むことでカリキュラム化を検討す
ることになった。

（4） ふるさと創造学としての導入

　広野中学校では総合的な学習の時間（以下，総合学習）を活用し，映像

制作教育シネリテラシー（以下，映像教育）を1年生の授業に導入することになった。その理由としては，広野中学校では，1年生に地域理解を主とした探究学習を設定し，映像教育でその目的を補完することとしたからである。

広野中学校における実践の詳細は，次章で記述するが，ビジョンが策定した教育復興の方針と，2014年度から双葉郡で実施されたふるさと創造学は，復興の段階によって大きく取組みが変化せざるを得ないことが明らかであった。避難先における学びと，帰還後の学びが大きく異なるだけではなく，避難の帰還や地域コミュニティの状況，地域を取り巻く周辺環境の変化なども大きく教育環境に影響を与えることが，年を経るにつれて明らかになりつつある。

その一方で，前例のない教育的アプローチは，ビジョンが掲げた通りに，近未来の地域課題に対峙する取組みとなり，「双葉郡から新しい教育を創り出し，県内・全国へ波及させる」［福島県双葉郡教育復興に関する協議会 2013］可能性を秘めている。

4　まとめ

本章では，震災と原発事故によって教育環境が大きく変わった福島県双葉郡を中心に，復興における教育の役割を政策としてどのように位置付けてきたかについて確認した。その上で，ふるさと創造学などの探究学習において，どのような実践が生まれ，展開されているかについて概観した。

政府による地方創生戦略の後押しもあり，地域課題をテーマにした探究学習は，被災地に限らず，全国各地で取組まれ始めている。そうした学びの多くは，「郷土愛」や「地域への愛着」などをテーマとして，カリキュラムが構築されている。他方で，震災と原発事故以降の福島県の教育環境においては，答えのない探究を構築し，子どもたちの思考力と表現力を高

めていくことが求められた。それは，流動的な国際情勢，激動の社会と直面している子どもたちを育てるうえで，重要な要素であると考えられる。

◆参考文献

D.Backingham,［2003］*Media Education: Literacy, Learning and Contemporary Culture*, Polity Press（デビット・バッキンガム［2006］『メディア・リテラシー教育——学びと現代文化』鈴木みどり訳，世界思想社）.

青木栄一編［2015］『復旧・復興へ向かう地域と学校』東洋経済新報社.

一般社団法人ヴォイス・オブ・フクシマ［2018］「平成30年度三春校アーカイブプロジェクト活動報告書」.

千葉茂樹［2004］『映画で地球を愛したい——マザー・テレサへの誓い』パピルスあい.

内閣府［2016］「復旧・復興ハンドブック」（http://www.bousai.go.jp/kaigirep/houkokusho/hukkousesaku/saigaitaiou/output_html_1/images/dept/cao_fukkou/handbook.pdf）閲覧日2015年12月25日.

浪江町立浪江中学校［2014］「ふるさと創造学発表スライド」.

浪江町立浪江中学校［2015］「総合的学習の時間を振り返って」.

浪江町［2019］「なみえ復興レポート」.

ひろの映像教育実行委員会［2015］「平成27年度いいな広野わが町発見—ふるさと創造・映像教育プロジェクト—報告書」.

福島県庁ふくしま復興ステーション［2019］「避難区域の状況・被災者支援」（https://www.pref.fukushima.lg.jp/site/portal/ps-kengai-hinansyasu.html）閲覧日2019年12月25日.

福島県双葉郡教育復興に関する協議会［2013］「福島県双葉郡教育復興ビジョン」（http://futaba-educ.sakura.ne.jp/wp/wp-content/uploads/2014/06/vision20130731.pdf）閲覧日2019年12月25日.

第9章

福島県広野中学校における映像教育実践

千葉偉才也

　本章では，被災地域における教育の中から，広野中学校における映像制作を通じた地域探究学習シネリテラシー（以下，映像教育）について記述をする。災害からの復興において，メディアを活用した教育がどのような役割を担い，発展していったかについて，筆者が教員と共に取り組んだ広野中学校における5年間の取組みを概観する。

◆キーワード
　　シネリテラシー，探究学習，地域学習，映像教育，総合学習

1　いいな広野わが町発見──ふるさと創造・映像教育プロジェクト

（1）　子どもたちが地域を歩き映画を制作する意味

　広野町教育委員会では，日本映画大学と毎日映画社の協力を経て，2015 年度に子どもたちによる映像制作教育シネリテラシー（以下，映像教育）を，広野中学校 1 年生を対象に実験的に導入した。

　この取組みは，双葉郡の小中学校で 2014 年度からふるさと創造学として採用され，避難を経験した子どもたちが故郷への帰還を果たした後に，どのように地域と主体的に関わっていくかという町の課題解決の一助となることが期待されたものであった。

　当時の広野町は，復興の拠点として，帰還困難区域に入る最前線の町であり，住民の他に，いわゆる原発作業員などが多く滞在していた。旧住民以外の居住者が人口の半数を占める中で，子どもたちの保護者の中には治安の悪化を懸念して，子どもたちの外出を心配する声も聞かれる状況であった。

　ふるさと創造学は「子供たちの実践的な学びが地域を勇気づけ，地域の人びととの出会いが子どもたちの学びを充実させ，教育と地域活性化の相乗効果を生み出す」［福島県双葉郡教育復興に関する協議会 2013］ことを目指し設置された。これは，双葉郡の多くの子どもたちが震災前の居住地域から離れた避難先で，避難前の生まれ育った地域について学ぶことを想定して設計された科目で，子どもたちの学習環境もまた避難先を想定したと思われる。避難先では仮設住宅の周辺に仮設の公民館や集会所などが整備され，コンパクトなコミュニティが再編成され，避難前に居住していた時よりも多様な住民との接点が生まれた。その結果，仮設校舎では探究学習や地域学習への協力を地域コミュニティに求めることが，物理的にも容易

図9-1　福島県双葉郡広野町の位置

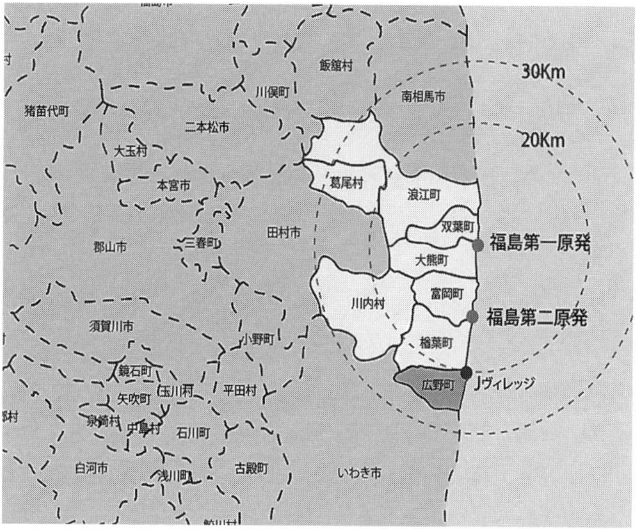

出典：筆者作成.

であったとされる。

　他方で，避難から元の地域への帰還が始まった町村では，高齢者率は高く，交通インフラは勿論，医療や福祉へのアクセスも段階的に整備されるため，地域コミュニティの横のつながりが分断された状態からの再構築が求められていた。また，当時の広野町のように，治安の悪化を懸念する住民もいて，ふるさと創造学が目指した「地域の人びととの出会いが子供たちの学びを充実させる」[福島県双葉郡教育復興に関する協議会 2013]には障壁が多かった。

　広野町教育委員会は，子どもや学校を取り巻く複雑化した状況を踏まえ，映像制作の取材や撮影を通じて，学校外の多様な地域資源と接する学びの可能性に期待し，映像教育の導入を決定した。そして，他町村に先駆けて帰還を果たした広野町が取組むふるさと創造学として，「いいな広野わが町発見―ふるさと創造・映像教育プロジェクト―」を，行政，中学校，外部人材の協働によって始めたのである。

(2) 初年度の取組み

　広野中学校における映像教育は，2015 年度から始まり，1 年生 32 名
が 6 班を編成し，総合学習において映像制作に取組んだ。1 学年の総合学
習約 50 時間のうち，映像教育には約 25 時間を割き，1 学期から段階的
な学習を行った。

a）　実施体制

　映像教育では，映像講師 1 名，大学生スタッフ 2 名を各班に配置する。
映像講師は映像制作全般の指導を行い，大学生スタッフは生徒と映像講師
の間に立ち，協働しチームビルディングを担う。

b）　実施期間と内容

　広野中学校における映像教育では，映像講師，大学生などの外部講師が
授業に参画する日数を 4 日間とし，1 学期に 1 日，2 学期に連続して 3 日
間という組み合わせで実施した。それ以外の授業に関しては，学年担当の
教員が担う形で行った。

　具体的には，1 学期に広野町の歴史文化などの資源について調べ学習を
行い，その上で生徒の関心別に班を編成する。班編成後は，各班において
担当する題材についてさらなる調べ学習と制作する作品の目的などについ
て検討する。1 学期末に，初めて外部講師が授業に参画し，①各班で議論
してきた内容の確認とアドバイス，②機材講習とインタビュー練習，を中
心にグループワークを行う。

　2 学期は，総合学習の集中日を活用し 2 日間を取材・撮影，振り返りに
充てた。編集作業は，生徒との振り返りにおいて，方向性を確認した上で
外部講師が担当することとした。3 日目は，午前中をナレーション作業に
充て，午後を上映会とした。

c) 生徒の感想

　映像教育に参加をした生徒の感想集によれば，全ての生徒が映像教育によって何らかの気付きを得たと答えている。特に，学校内では話すこと，話を聞くことのなかった題材に触れたことは，生徒たちにとって学びの多いものであったようだ。

　「この映画制作を通して人と触れ合う大切さや映像で何かを伝える楽しさを知りました」「インタビューしているときに広野町民なのに初めて知ることがたくさんありました」などの感想［ひろの映像教育実行委員会 2015］からは，映像制作の過程で一定の地域理解が深まったことが伺える。さらには，「仮設住宅に住んでいる方のインタビューで苦しい経験がたくさんあったことを知り，胸が痛みました」など，地域の現状が多面的であることの気付きを得る一定の効果があった。また，「一番心に残ったのは，町を歩いてインタビューしたことです」という感想からは，自宅と学校の往復がスクールバス送迎となり，地域を歩く機会が限定された被災地の難しさが垣間見えると同時に，教育委員会が期待した，直接的に一次情報に触れ，直接的に地域住民と交流する機会の創出が成されたことが確認できた。

　生徒の感想の中には，インタビューの難しさに関する気付きも多くみられた。その中に「インタビューは受けるのは簡単だけど，するのは難しい」といった感想があったことは，教育委員会が危惧した「情報を正しく相手に伝えることや，どのような意図があって取材活動が行われるのかなどの理解を子どもたちにも習得させる必要性」に応えられる可能性を示唆している。

d) 教員と地域住民の反応

　2015 年度のひろの映像教育実行委員会報告書によると，広野中学校の担当教員が映像教育プロジェクトの意義について「生徒も教員も長い避難を経験して，いつの間にか『あのとき』からの避難の経験などを口にしないように遠慮をしていた。今回，様々な人たちに取材をする生徒たちが，

自らの経験を語りながら，相手の話を聞く姿勢を見ながら，どこかのタイミングで経験したことを吐き出させ，共有させる必要性が復興の中で，成長の中で必要なのではないかと感じた。それが，今回の取材活動の意義なのかもしれない」と述べている。この教員の指す「あのとき」とは，2011年3月11日以降の避難の経験や，現在も続く複雑化した地域での生活全般と捉えられるが，学校教育の中でそうした経験を語り合う機会が欠如していたことが伺える。

また，子どもたちがカメラや三脚を担いで町を歩く姿について筆者が感想を伺った町民は「町で子どもの声が聞こえるなんて，復興した気持ちになる，子どもの声を聞くだけで元気が出る」と語っている。

これは，先述の通り子どもたちがスクールバスで通学していることや，復興関係の車両や作業員の増加による治安悪化を危惧した出歩きの減少などの要因によって，子どもたちの声を町内で聞く機会が減ったことを示唆している。ここから，ふるさと創造学が目指している「子どもたちの実践的な学びが地域を勇気づけ」［福島県双葉郡教育復興に関する協議会 2013］る可能性がうかがえる。

(3) 本格的な総合学習コンテンツとしての導入

広野町教育委員会と広野中学校では，初年度の映像教育の取組みを整理し，その成果を踏まえ，次年度の1年生の総合学習として年間の授業時間の大半を映像教育に充てることを決定した。

本格的な導入に向けて，「子どもたちがメディア制作に取組むことによって，教員や住民等が地域の現状に対して再考する機会になった」ことが評価され，単に生徒たちの学びだけではなく，複雑化した地域コミュニティの再生を促すのではという期待が向けられていた。これは，初年度の実験的導入にあたって，活用した復興庁の補助金である，学びを通じた被災地における地域コミュニティ再生支援事業の「子どもの学習・体験活動等

を支援する取組を通じ，携わる地域住民にとってもふるさとを見つめ直す機会を作る」［復興庁 2015］目的とも合致しており，広野町として震災以降に複雑化した地域コミュニティの再生に向けて，子どもたちを中心に据えた教育的アプローチから取組んでいく姿勢が表れていた。

　このような経緯から，2016 年度以降の広野中学校は，1 年生が映像メディアの制作を通じ，地域を探究し，地域コミュニティとコミュニケーションをはかることを目的とした映像教育を本格的に開始したのである。

2　総合学習としての実践

（1）　2016 年度の取組み

　2016 年度の広野中学校の映像教育は，年間を通じた総合学習として 1 年生 20 名が 5 班編成で取組んだ。実験的導入となった前年度と異なり，映像教育には総合学習のほぼ全ての授業時間，年間約 50 時間が充てられた。

　前年度から倍増した授業時間において，重要視したのは，テーマ設定であった。学年全体で取組む大テーマとしては「ふるさとの魅力を再発見する」を設定し，学習の初期段階では，生徒個人が認識している「ふるさとの魅力」についての意見交換を行う。次の段階で，類似する意見を持つ生徒を班編成し，ふるさとの魅力を探究することを試みた。ここで筆者は教員に確認した上で，生徒たちに何度も，「それがなぜ魅力なのか？」という問いかけた。

　中学校 1 年生には，誰かから聞いた話を，確認せずに自らの考えかのように発言するケースが多々散見された。誰かが言っていた「魅力」を，それが本当に魅力であるのか問わずに「魅力である」と意見してしまうのである。筆者が，震災以降の福島県の子どもたちと接していて感じた懸念

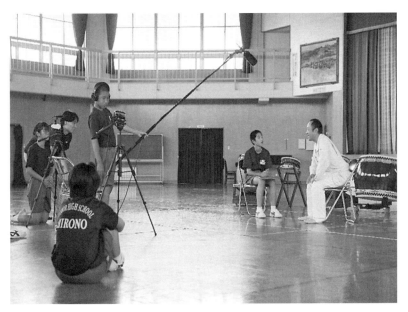

写真 9-1　地域住民への撮影風景（一般社団法人リテラシー・ラボ提供）

は，この「反射的」意見の表明である。それは，震災以降に増加したマスメディアによる取材体験によって，子どもたちはマスメディアが期待するコメントを察して発言をする，例えるのであれば反射神経の俊敏さのような対応力が育まれてしまったのではないかと広野町教育委員会が危惧していたものである。その仮説が正しいとすれば，子どもたちは過酷な避難や複雑化した家庭環境，地域環境の中で「生きる力」は育まれたが，自らの体験や経験を整理して自らの考えを発言する「思考力」や「表現力」は育まれにくかったと考えられる。それゆえに「それがなぜ魅力なのか？」という，一見意地悪な問いを，筆者も教員も学習の入口の段階で生徒たちにぶつけ続けることにしたのである。

　そうしたテーマ設定を入念に行った上で，2学期には取材，撮影活動を行った。2学期以降は前年度とほぼ同じプロセスを経て，映像制作，映像上映会と進んだ。

2016年度は，大幅に増加した授業時間を活用して，思考することと表現することにより注力した取組みとなった。また，町役場やPTAなどに対しても中間報告の場を設けるなど，学校外での発表の場も積極的につくり，探究のサイクルを複数に渡って回すことを試みた。

　教育委員会と学校は次年度に向けての課題として，テーマの設定と探究を深めていくことの難しさを挙げた。「ふるさとの魅力」や「地域の文化資源」などに対し，中学校1年生の関心は低く，前提となる知識が欠如しているという問題が指摘された。これは一因として，避難を経験した中で，地域の文化や慣習などの知識を家族が伝える余裕がなかったことも影響しているとされ，どのようにその部分を補うのかは次年度の課題として残った。

　また，2016年度の映像作品には復興のための工事中の景色が多数記録されているが，2020年現在から振り返ると，そうした復興の過程の景色も貴重な地域のアーカイブになっていると考えることができる。いつの間にか，津波で被害を受けた広野駅の東側には防災緑地が整備され，建造物が多く建設されたが，そこに至るまでの復興の道のりがあったことを，当事者である子どもたちが向き合って記録した意義は時間と共に高まると考えられる。

（2）　2017年度の取組み

　3年目となった2017年度は，前年度と同規模の授業時間を確保し，年間を通じて1学年30名5班編成で映像教育に取組んだ。前年度に課題とされたテーマの設定と掘り下げについては，生徒たち個人の問題とは別に，教員と外部講師がそれぞれ「ふるさとの魅力とは何か？」という問いと向き合う必要があるのではないかという議論が起きた。

　それは，探究の前提となる地域の文化や歴史，人のつながりなどを，教員や外部講師が深く理解することが，生徒たちがふるさとの魅力を再発見

することにつながるのではないかという考えである。

　そうした考えを踏まえ，1学期の段階から外部講師が前年度以上に授業に参画し，生徒たちとの対話を繰り返し，人間関係の構築を心がけ，探究の伴走を教員と共に担った。

　その結果，様々な相乗効果が生まれ，映像教育が重層的な意味合いを持つことにつながった。その一つは，教員が地域コミュニティと積極的に接点を持ち，その関係性から構築された人脈によって生徒たちの希望する取材活動が実現したこと。もう一つは，生徒側からの外部講師への提案が増えたことが挙げられる。これらはいずれも，映像教育が目指した「単なる一方的な指導の教育」ではなく，「多様なプレイヤーによる対話と協働」であるアクティブラーニングの可能性を示唆した。

　2017年度の学習を終えた段階で，前年度以上に多様な協働が実現したことは，今後の取組みを考える上で重要な実践であったと言うことができる。

　その一方で，年間を通じて生徒たちと向き合いながら，外部講師と教員たちは，「ふるさと」という言葉の意味が世代や地域，地方と都市部，さらには被災を経験しているか否かによっても異なると強く実感した。

　そうした経緯もあり，2017年度ひろの映像教育実行委員会報告書は「ふるさと創造学が始まって4年目を迎え，避難や帰還の状況も多様化している中で，子どもたちの等身大にあった『ふるさとの再定義』を行うべき時期を迎えているのではないか」と述べている。

　震災と原発事故以降，「ふるさと」という言葉が様々な形で使われ，時には政策を遂行する大号令のごとく乱用されてきた可能性も否めない。そうした復興期における曖昧な言葉の定義や概念も教育現場において問題ととらえ，確認する時期でもあったのだと考えられる。

(3) 2018年度の取組み

　4年目の2018年度は，1年生15名が4班編成で映像教育に取組んだ。2018年度の特徴としては，前年度の議題に上がった「ふるさとの再定義」に取組んだことである。

　2018年度は，それまで大テーマとしていた「ふるさとの魅力の再発見」を「ふるさとを見つける」に変更した。これは，前年度報告書において指摘されたように，「ふるさと」という言葉が生徒ごとに異なり，生徒個人のふるさとを模索する作業が探究学習の前提として必要であると考えたからである。

　1学期は，ふるさとを考える授業を複数回行い，生徒個人の等身大のふるさと論について対話を行った。その過程で，生徒たちには家族などに対しても「ふるさととは何か？」という問いかけをすることを課し，身近な存在へのインタビューを行いつつ，ふるさとについて対話を進めた。

　以下は，生徒たちの発言の一部であるが，それぞれのふるさとについての考えが表れている。

　　「僕にとってのふるさとは，3か所ある。避難先での思い出も大切で，
　　その後に住んだ場所，そして戻ってきた広野，すべてふるさと。ふるさ
　　とは一つじゃなくてもいい」
　　「おばあちゃんにふるさとについて聞いたら，『長く住んだところがふる
　　さと』と答えてくれたけど，12年しか生きてないから『長く住んだか
　　らふるさと』という感覚が理解できない」
　　「お母さんに聞いたら，『落ち着く場所がふるさと』だと言っていた」
　　「帰りたいと思う場所，帰ってこられる場所」

　このように生徒たちは様々なふるさと論を展開した。社会で多用される「ふるさと」という言葉は，人によって異なる可能性があり，それを前提

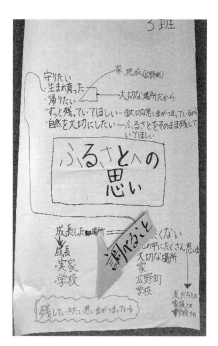

写真 9-2　生徒たちがグループ内でまとめたふるさとの考え方（一般社団法人リテラシー・ラボ提供）

としながら多様なふるさと論を取材しながら，自分たちの等身大のふるさとを考えるよう生徒に求め，探究を進めた。

　2018 年度の取組みは，前年度までのように「ふるさとの魅力」を探し，明らかになった魅力を表現するのではなく，様々な人たちのふるさと論と向き合い，改めて自己のふるさと論を探究する，哲学的な要素を多く含んだ内容となった。その結果，前年度までのように何かを結論付けて終了することは困難であったが，終わりの無い探究を積み重ねる学習には適していた題材であったと考えられる。

　2018 年度ひろの映像教育実行委員会報告書は，ふるさと論について「とても難しい問いかけであったが，ふるさとを学ぶことを目指すふるさと創造学としては今後の重要な視座になった。また，人口減少が進む日本

において，地域をどのように捉えるのかという問いを，生徒，教員，外部講師，学生スタッフで熟議をした挑戦は，ふるさと創造学がこれから発展していくためにとても重要な要素であると認識した取組みであった」と総括している。

3　教育環境の変化とカリキュラムの見直し

（1）　実践の中で見えてきた課題

　広野中学校での4年目の映像教育を終える頃，5年目に向けて学校内で協議が始まった。議論の中心は，これまで1学年のみで実施してきた映像教育を3カ年の中学校生活を通じた学びに発展させるべきではないかというものであった。

　議論では，広野中学校において過去4年間で全学年，全教員が携わったなかで，学校長を中心に始まり，3カ年の学びとして発展させるためにはどのようなカリキュラム編成が必要になるかが検討された。

　この背景には，1年生でせっかく映像教育で探究を進めたのに，残り2年間の中学校生活でそれを活かせていないという反省があった。

　また，1年生が探究できる範囲が言語や技術的な点で限定的であるとの指摘もあり，3カ年で，段階的に習得すべき能力を身に着け，最終的に映像作品を制作するようにしたほうが望ましいのではないかという意見もあった。

　筆者もこの協議に参加した際に，1年生には前提となる地域理解が欠如しているケースもあり，学年が上がるにつれて段階的に地域を知り，探究し，表現をする力を習得できるのであれば，より映像メディア制作の意義が増すのではないかと意見した。

　協議の結果，2019年度からは3カ年の取組みへ発展させることになり，

学年ごとにどのような学びの設計をするべきかの検討に進んだ。

（2）　3カ年の学びとしての映像教育

　2019年度から1年生から3年生までの3カ年の学びを設計するにあたり検討を重ねた結果，1年生は「ふるさとの魅力を見つける」，2年生は「ふるさとの魅力を伝える」，3年生は「ふるさとの魅力を創る」の3つの目的を設定することになった。

　まず，1年生の「ふるさとの魅力を見つける」は，前年度の「ふるさとの再定義」を参考にしつつ「ふるさととは何か？」の問いから始まり，ふるさとの魅力を探すことを目指した。この「見つける（探す）」は，魅力の有無を考えることから始まる。最終的な探究学習のまとめ・表現は自由とし，個人で新聞を作成することや，タブレットで動画を作成することなども想定している。

　次に2年生の「ふるさとの魅力を伝える」は，1年生で見つけたふるさとの魅力を，どのように他者に自らの考えとして伝えるのかを検討し行動する段階である。1年生はあくまでも調べ学習が主になるが，2年生はその調査の結果を踏まえ，自己の考えをどのように発信をしていくのか，そうした表現力を身に着けることが重要になると認識し設定した。具体的な方法としては，作文やポスター制作，さらにはYouTubeチャンネルの運営・管理も段階的に課すことを目指している。

　1年生で地域を知り，2年生はそれを自らの考えと共に発信し，地域を自分事として捉える。そうした蓄積の上で，3年生は，ふるさとの魅力を創ることに取組む。ひと言で言うと，3年生は映像制作のプロセスを活用しながら，まちづくりについての提言を考えるのである。ふるさとの魅力とは，住民が自分たちの暮らす地域の理想を描くことから始まると考え，住民の一員である中学生として地域の未来を描こうとした。班ごとに設定した政策分野（教育，商業，医療・福祉，スポーツ観光，再生可能エネルギ

一）を探究し，取材を重ね班としての考えを議論しながらまとめていくプロセスを映像制作と同時に行った。

　2019年度は3カ年の取組みを開始した初年度であるため，移行期間として評価は難しいが，中学校生活3年間を通じた探究学習の設定は，「主体的・対話的で深い学び」という目的を満たすのに不可欠であると考える。

4　映像教育の展望

（1）　広野中学校での5年間の取り組み

　震災とそれに伴う原子力発電所の事故という未曽有の災害によって，避難を余儀なくされた福島県双葉郡。避難先から戻った生徒と教員による学校教育の構築は，前例の無い課題と取組みの連続であった。

　その一方で，広野町が向き合ってきた課題の多くは，近い将来日本各地の自治体が直面するものであった。人口減少による過疎化，少子高齢化，地域コミュニティの崩壊などである。広野中学校が取組んでいる子どもたちによるメディア制作を活用した学びは，「地域の中で教育はどうあるべきか？」という問いを，地域全体に投げかけるきっかけにもなったと認識している。

　この5年間で，広野中学校では短編ドキュメンタリーが26作品制作された。いずれの作品もその年度しか切り取れない広野町の姿，住民の声，課題を記録している。その中には，いわゆるマスメディアが手がければ嫌悪されそうな取材も多く含まれるが，生徒たちに対して町民は真摯に応え，取材に協力してきた。2016年頃まで町内の人口を半分占めていた作業員への取材を試みた作品では，彼らはどのような想いを持って福島の復興に携わっているかを生徒たちに語り，生徒たちは「作業員の人たちも大切な住民」（2016年度作品）という気付きを得た。このように，子どもたちに

写真 9-3　町内で撮影をする生徒たちの様子（一般社団法人リテラシー・ラボ提供）

よるメディア制作は，単なるメディアの制作・表現学習ではなく，その取材プロセスの中で，様々な人たちとコミュニケーションをはかる意義深い取組みであると考えられる。

　広野中学校での 5 年間の取組みを概観すると，学校だけでは接点が持てなかった多様な存在と対話をしたことは，大きく見れば民主的な教育の実践であり，民主社会における市民の育成の基礎を構築するものであったと考える。子どもと学校をハブとしながら，分断した地域コミュニティが再構築される，また映像メディアの制作によって分断されていた住民がつながる経験は，映像教育の意義であり，これから日本各地で噴出する様々な地域課題に向きあう際も参考になるであろう。

　他方で，映像教育を継続するなか，多くの課題にも直面した。映像教育は探究学習であり，美術教育や技術教育とは異なるという認識を，毎年担当教員が変わるなかでどこまで共有できるかは，大きな課題である。それは，子どもたちにおいても同様であるが，メディア制作教育は，取組み次第では単なる地域の PR で終わってしまう危うさを常に孕んでいる。その枠を越えて探究を深めるためには，教員の理解が不可欠であるが，まだ学校内でのカリキュラム構築が追い付いていない。さらに，外部講師の活用

の頻度や関わり方，財源の問題，地域総がかりの取組みに発展させていくための仕掛けづくりなど，その他の課題も山積するが，学校現場を中心に映像教育を継続するために工夫し，取組み，失敗と成功を繰り返しながら模索していることが，広野中学校の特徴である。

（2）　復興におけるメディア制作教育の意義

　子どもたちのメディア制作の学びは，国内外各地で多くの先達たちが取組んできたメディア・リテラシーを向上させる手法の一つでもある。しかし，国内に目を向けると，そうした取組みの多くは表現活動や美術活動の延長にあることが多く，ユネスコなど国際社会が訴えてきた民主社会の成熟のためのメディア教育に到達できていないように思われる。

　他方で，広野町を含めた被災地における探究学習は，被災や避難の経験からの脱却，復興を学習の目的として設定している。映像教育は，被災地での実践を通して，地域や社会課題，地域住民と子どもたちが向きあう機会を創出したと考えられる。そうした映像教育は，被災地に限らない地域でも，様々な課題と住民が向き合う取組みとして，高い汎用性を有することだろう。

　また，メディア制作を通じた学びは，その作品の上映によってさらに多くの市民への問いかけが可能となり，メディア社会とされる現代において，その意義は学校教育の枠組みを大きく超える可能性がある。学校教育は，今後は地域を越え，社会に開かれ，さらには地球規模で問いを共有して行動をする段階を迎えているのではないだろうか。

　このようにメディア制作を通じ，世界の多様な人々とコミュニケーションをはかる取組みは，地球規模の課題を解決する一助になる可能性を秘めている。

5　まとめ

　本章では，広野中学校における映像教育の実践を取り上げ，被災地における地域課題に教育がどのようにアプローチを試みてきたかを概観した。被災地域において，映像メディアの制作を通じて地域と主体的に向き合う取組みは，地域の復興と共に5年間で大きく変化してきた。それは，復興に向かう地域の，その時々の環境に起因するものであり，学校は常にその最前線で柔軟な対応を求められたからであった。

　長引く避難や段階的な帰還など，双葉郡の複雑な状況では，当初描いた教育復興の理想がそのまま学校現場に当てはまらないケースも出てきている。特に，震災と原発事故から10年を迎える現在，避難先で誕生した子どもや，被災体験の記憶がほぼない子どもが学校現場のマジョリティになりつつある中で，どのような学びを設計していくかは今後の大きな課題である。

　広野中学校の取組みは，年月とともに変化する地域と復興の状況を，中学生の視点で切り取ることに挑戦をしている。映像メディアは，単に制作プロセスを学びに落とし込むことだけではなく，制作者の考えを，作品を通じて他者に伝える媒体である。そうした意味では，広野中学校の生徒たちが制作してきた作品は，その時々の復興や，町民，さらには次世代を担う子どもたちがどのように考え，行動をしてきたかの記録としても活用できるものである。

　他方で，その学びが単なる地域の思い出映像とならないために，復興のフェーズや地域の状況によって，柔軟に学びの内容を醸成させ，探究学習としての精度を上げていくことが重要である。

◆参考文献

ひろの映像教育実行委員会［2015］「平成 27 年度いいな広野わが町発見——ふる
さと創造・映像教育プロジェクト—」.

ひろの映像教育実行委員会［2016］「平成 28 年度いいな広野わが町発見——ふる
さと創造・映像教育プロジェクト—」(https://www.literacy-lab.org/pdf/h28_
iinahirono.pdf) 閲覧日 2019 年 12 月 25 日.

ひろの映像教育実行委員会［2017］「平成 29 年度いいな広野わが町発見——ふる
さと創造・映像教育プロジェクト—」.

ひろの映像教育実行委員会［2018］「平成 30 年度いいな広野わが町発見——ふる
さと創造・映像教育プロジェクト—」.

福島県双葉郡教育復興に関する協議会［2013］「福島県双葉郡教育復興ビジョン」
(http://futaba-educ.sakura.ne.jp/wp/wp-content/uploads/2014/06/
vision20130731.pdf) 閲覧日 2019 年 12 月 25 日.

福島県双葉郡教育復興ビジョン推進協議会［2014,2015,2016,2017,2018,2019］
「広報誌『ふたばの教育』」(http://futaba-educ.net/newsletter/) 閲覧日 2019
年 12 月 25 日.

IV

新たな教育理論に向けて

第 10 章

リテラシー概念の伸展

ESD の背景として

村上郷子

　本章では，学習指導要領でも推奨されている「持続可能な開発のための教育（ESD）」及び「持続可能な開発目標（SDGs）」の理論的背景のひとつともいえる，ユネスコのリテラシーの変遷を土台にしながら，ESD におけるアクティブラーニングなど今日的な学びの目的，方法，評価の基準などの方向性を提示する。

◆キーワード

ESD，SDGs，ユネスコ，リテラシー，アクティブラーニング，学習評価

1　リテラシーとは何か

　リテラシーとは，もともとは文字の「読み書き能力」，「識字」といった意味であったが，今日では多様な文脈や意味を含有するリテラシー論が展開されている。経済協力開発機構（OECD）が2000年から3年ごとに実施している国際学習到達度調査（PISA：Programme for International Student Assessment）においてもリテラシーということばが使われている。PISAにおける「リテラシー」とは，「生徒たちがさまざまな状況において問題を提起し，解決し，解釈する際に，主要教科領域で知識と技能を応用し，効果的に分析，推論，交信する能力（capacity）」[OECD 2004：20]であると定義されている。例えば，読解リテラシー（reading literacy），数学的リテラシー（mathematical literacy）及び科学的リテラシー（scientific literacy）などである。

　松下[2006：33]は，この多様なリテラシーの意味内容に着目し，何を使うリテラシーか（技術），何についてのリテラシーか（領域），どんなリテラシーか（性質），だれのためのリテラシーか（主体）の4つに分類した。楠見[2015：182-183]は，リテラシーの目的に基づく区分で，機能的リテラシー（「生活，学習，職業などにおいて，目標に応じて活動ができる水準の基礎能力」），批判的リテラシー（「社会・制度を批判的に読み取る機能を重視」），マルチリテラシー（機能的リテラシーを基盤に「メディア，経済，ヘルス（健康），科学，リーガルリテラシーなどの多領域のリテラシーを含むことに焦点をあてた高次のリテラシー」），高次リテラシー（「機能的リテラシーを土台にした高度の専門的知識と批判的思考に基づく読解力・コミュニケーション能力」）の4つのリテラシーを挙げている。

　近年のリテラシーの概念は多様化・高度化を極めているが，こうしたリテラシー概念の展開に少なからず影響を与えてきたのがユネスコである。

ユネスコでは，リテラシーの概念を人間が所属する文化や生活能力の形成に深く関わる機能的リテラシー，自らがおかれた階級やジェンダー，エスニシティ（民族性）といった被抑圧者の視点から批判的に考察し，置かれた状況を変革していこうとする批判的リテラシー，多様な領域のリテラシーを含有するマルチリテラシーなど，リテラシーをめぐる多様な論点の展開がみられる。

2　ユネスコにおけるリテラシー概念の展開

(1)　機能的リテラシー

　1946 年設立当初，ユネスコはリテラシーの概念をいわゆる「読み書き計算」ととらえていた［UNESCO 2003］。1950 年代にユネスコは，識字率が低い傾向があった発展途上国を巻き込んだ大規模なリテラシーキャンペーンを行ったが，ユネスコ自体にリテラシーに関しての明確な定義や理解のようなものはなかったとされる［小柳 2010］。ユネスコの中で，リテラシーの概念が大きく変容するのは，1950 年代後半にアメリカ合衆国の教育学者グレイの提言を受け，いわゆる読み書き計算を超えた「機能的リテラシー」を推進してからである［UNESCO 2003］。グレイによれば，機能的リテラシーを身につけた人とは，「彼の文化または集団における読み書きの能力が普通に身についているものと想定されるあらゆる活動に彼が効果的に取り組むことができる読み書きの知識とスキルを習得している人」［Gray 1956：24］である。

　この定義では，単に初歩的な読み書き計算ができる以上のリテラシーを想定しており，リテラシーの能力も彼・彼女が所属する文化やグループによって相対化され，決して同じものではない。機能的リテラシーがある人は文学を楽しむだけではなく，仕事などの内容によっては高度なテクニカ

ル文書の読み書きができるというレベルまで含まれることになろう。

1960年代から70年代前半にかけて，ユネスコは主として発展途上国の成人非識字者を対象に機能的リテラシーの普及を目指してさまざまなプログラムを展開してきた。特筆すべきは，1967〜73年にかけてのユネスコ・国連開発計画（UNDP）による「実験的世界リテラシープログラム」であり，このプログラムは機能的リテラシーとセットになって推進された。しかし，機能的リテラシーは後に経済的発展との結びつきが強化されるようになり，グレイの機能的リテラシーの意味が薄くなっていった［樋口2012；小柳 2010］。

こうした中，既存の社会経済的な構造に対して批判的な意識を持つことを通じて，抑圧的な状況から人間性を解放し，延いては世界をも変革していくためのリテラシーのあり方が提起された。これがパウロ・フレイレによる批判的リテラシーである［UNESCO 2003：9］。

（2）　批判的リテラシー

1975年に出されたペルセポリス宣言（イラン）において，「リテラシーは普遍的人権である」という観点から，「リテラシーとは，単に読み書き計算のスキルを学ぶ過程ではなく，人間の解放とその全面発達に寄与するものである」と明示された。同宣言では，「リテラシーは人間が暮らす社会やその目的に内在する矛盾に対する批判的意識の習得のための諸条件をつくりだす。それはまた世界に働きかけ，変革し，真正の人間開発の目的を明らかにすることが可能なプロジェクト創設へのイニシアチブと参加を促す。……リテラシーは，人間解放の唯一の手段ではないが，あらゆる社会変革のための基本的な道具（instrument）なのである」［UNESCO 1975：2］と定義している。

言うまでもなく，ペルセポリス宣言の背景には，成人を対象にした生活改革や被抑圧者の解放を目指したパウロ・フレイレの影響がある。平沢

［1983：116］は当時の機能的リテラシーから批判的リテラシーへのリテラシーの定義の変化について，①文字の読み書き，計算の能力（操作的 operational）；②コミュニケーションできる能力（対話的 communicative）；③社会参加において技能を発揮する能力（社会参加的 participatory）；④機能的リテラシー（functional）；⑤文化創造－社会変革的（culture-generative/social-transformative）と整理した。こうして，ペルセポリス宣言以降，「文化創造－社会変革的」リテラシーの認識が，国際的にも確立されるに至ったのである［平沢 1983］。

　教育やリテラシーは中立ではあり得ない。常に既存社会に潜む支配と従属の力学が働く。フレイレは，物言わぬ民衆の無権利状態，すなわち「沈黙の文化」を変革するために，今ある状況の「意識化」の重要性を国際社会に訴えた。この「意識化」のアプローチは，教育過程としてのリテラシーにも焦点をあてる。学習者は，現状はなぜこうなのかと意識的に考えることによって，置かれた状況を変革しようとする。そうすることによって，学習者は学びの「客体」ではなく「主体」となるのだ［UNESCO 2003］。こうしたフレイレの教育思想はユネスコだけではなく批判的教育学やメディア・リテラシーなどさまざまな領域に影響を与えた。

(3)　「基礎教育」としてのリテラシーからマルチリテラシーへ

　その後，1990 年代に入ると「基礎教育」の重要性が認識されてきた。国連では識字率の向上と啓蒙・教育を推進するため 1990 年を国際識字年（International Literacy Year）と定めた。同年 3 月「万人のための教育世界会議」がタイのジョムティエンで開催され，「万人のための教育（EFA：Education for All)」のスローガンがうまれ，全ての人に基礎教育を提供するという世界共通目標が形成された。1997 年ドイツ・ハンブルクにて行われた第 5 回成人教育国際会議ではハンブルク宣言が採択され，リテラシーは，「急速に変化する世界において全ての人が必要とする基礎的知識と

スキル」であり、「基本的人権」であるとされた。また、ここではメディアと新しい情報技術の果たす役割の重要性も指摘された［UNESCO 1997：23-24］。

2000 年 4 月には「世界教育フォーラム」がセネガルのダカールで開催され、いまだ日常的な読み書きや計算が十分にできない成人も数多く存在しているとして、2015 年までの達成を目指した「EFA ダカール目標」が採択された。また、2003 年から 2012 年の 10 年間を国連識字の 10 年（United Nations Literacy Decade）に指定し、全世界で識字率を高めるための取組みが提起された。

当時のユネスコの展望によれば、リテラシーの概念や実践は、社会変化、言語、文化、アイデンティティのグローバル化及び電子コミュニケーションの増大を反映して変容・進化しているが、2 つの基本的な考え方がある。第 1 にリテラシーは両義性を持ち、それ自体が肯定的でも否定的でもない。リテラシーの価値はその習得や使われ方によるものであるからだ。第 2 にリテラシーは、社会における幅広いコミュニケーションの実践とリンクしており、ラジオ、テレビ、コンピュータ、携帯メール、画像など他のメディアといっしょにのみ対処することができる。電子コミュニケーションの急速な発展は、紙を利用したリテラシーだけではなく、電子コミュニケーション（グラフィックやコンピュータ利用学習など）のための新しい文脈を提供することでもある［UNESCO 2003：12］。

この頃からユネスコでは「マルチリテラシー（multiple literacies）」や「複数のリテラシー（plural literacies）」を提示するようになった［UNESCO 2003：11-12］。背景には、高度情報技術社会の到来によって、リテラシーの概念や実践が地域、言語、文化、宗教、職場と家庭などで相対化され、マルチリテラシーという文言に収斂されていったことがあげられる。

3　（マルチ）リテラシーにおけるデジタル・リテラシーの意義

　2015 年 9 月の国連サミットで「持続可能な開発目標」を含む「持続可能な開発のための 2030 アジェンダ」が採択された。持続可能な開発目標では，目標 4（SDG4：教育分野の目標）として「すべての人に包摂的かつ公正な質の高い教育を確保し，生涯学習の機会を促進する」ことが明記された。また，「持続可能な開発目標：目標 4」の 7 に，「(7) 2030 年までに持続可能な開発のための教育（ESD）やグローバル・シティズンシップ教育等を通じ，全ての学習者が，持続可能な開発を促進するために必要な知識・技能を習得できるようにする」という項目が定められた。

　ユネスコの「青少年と成人のリテラシー向上戦略（2020-2025）」[2019]によれば，第 207 回理事会では，グローバル市民権，職業上の技能，メディア情報リテラシーを含むリテラシーとその他の知識，スキル及び能力へのリンクを確実にすること，母国語ベースのリテラシーを促進することなど，デジタル・リテラシーを含めた多様なリテラシーの重要性を強調している。ここでの「生涯学習の見解において学習と熟練の連続として概念化されるリテラシーとは，より技術的で情報豊かな環境における問題解決のための能力だけではなく，オンラインを含む印刷物や文書を活用しながら，読み書きをし，特定し，理解し，解釈し，作成し，伝達し，計算する能力，と定義される」[UNESCO 2019：Annex I 2]。このリテラシーを推進していくための方略として，「リテラシー（読み書き能力）の学習成果と発達の影響を定義するためのガイドと枠組みとして SDGs を認証する」ことや「仕事に特化したスキルだけではなく，デジタルスキル，メディア・リテラシー，持続可能な開発のための教育，およびグローバル・シティズンシップを含むより大きなスキル一式にリテラシーを連結する」[UNESCO 2019：Annex I 2]といった文言が主要な原則として例示されている。

さらに，基本的な読み書きのスキルを越えて，知識，スキル，能力の要求が急速に増大している今日のグローバル世界におけるリテラシーを推進するために，ユネスコは4つの領域の戦略を実行するとしている。それらは (1) 生涯にわたる (lifelong)，人生のあらゆる点やあらゆる年代層，(2) 生活を広げた (life-wide)，生活や仕事の至る処にある異なる学習環境，(3) 各セクター間の (intersectoral)，他のセクターの持続可能な開発のための取り組みにリテラシーを浸透させる，そして (4) 普遍的 (universal)，最も発展していない国，発展途上国，先進国の問題点 [UNESCO 2019] である。

　これまでのユネスコにおけるリテラシー概念の変遷と現代的な意味において，3つの特徴が見られる。第1にリテラシーの概念が単なる読み書き計算のスキルから，機能的リテラシー，批判的リテラシー，マルチリテラシーへと大きく変容・拡大し，楠見 [2015] の指摘するいわゆる「高次的リテラシー」も含まれることが顕在化するようになった。これは，「万人のための教育」に代表されるように，従来の初等中等教育の未就学児童や成人，特に女性の識字率向上に主眼をおいた政策だけではなく，教育ないしはリテラシーのより高次の「質」への転換を図ったものと思われる。

　第2にリテラシーという高度認知システムが，紙媒体だけではなくオンラインも想定したものになった。それは，多様なコンテンツにアクセスし，分析し，情報発信を目ざすメディア情報リテラシー及び機器を使いこなすためのデジタル・リテラシーなどを含有したものと認識されるようになった。

　第3にリテラシーの概念の高次化に伴い，リテラシーを推進する対象が主として読み書き計算に主軸を置くいわゆる発展途上国の人々や移民，難民，マイノリティの人たちだけではなく，先進国の人たちも含んだものになった。これは，SDGsや持続可能な開発のための教育 (ESD) に向けた施策について日本を含めた先進国とされる国・地域をも引き込み連携しながら，世界が直面するグローバルな問題に対するリテラシーを広げ，延

いては世界が一丸となってその問題解決に取り組むという方向性をつけたともいえよう。

4　日本における ESD と求められるリテラシー（能力）

（1）　ESD とアクティブラーニング

　文部科学省答申［文部科学省 2016］によれば，ESD とは「持続可能な社会の担い手を育むため，地球規模の課題を自分のこととして捉え，その解決に向けて自分で考え行動を起こす力を身に付けるための教育」［文部科学省 2016］である。国内的には，2008 年 1 月の中央教育審議会「幼稚園，小学校，中学校，高等学校及び特別支援学校の学習指導要領等の改善について（答申）」において，ESD に基づいた「持続可能な発展」または「持続可能な社会」を重視した視点があらゆる科目に実現されるよう提言された。これを受け，持続可能な社会という視点を持つ ESD が，新しい学習指導要領では「全体において基盤となる理念である」［文部科学省 2016：240］とされた。

　それでは，ESD の実践はどのようになされるべきか。国内的な現状や実践例は，他章に譲るが，ESD の教育学的アプローチは，本質的に高次のリテラシーを育むアクティブラーニングである。

　アクティブラーニングという用語は，19 世紀中頃からアメリカを中心に文献に見られるようになり，1980 年代にはアメリカの大学の大衆化に伴い，学生の「主体性を担保するための教育方法」として，高等教育の中で普及していった［山内 2018：192］。国内でのアクティブラーニングは，2012 年 8 月の中教審答申「新たな未来を築くための大学教育の質的転換に向けて」（以下「質的転換」）をはじめとして，2014 年 12 月の「新しい時代にふさわしい高大接続の実現に向けた高等学校教育，大学教育，大学

入学者選抜の一体的改革について」や 2016 年 12 月の「幼稚園，小学校，中学校，高等学校及び特別支援学校の学習指導要領等の改善及び必要な方策等について」などで次世代の人材を教育するための指導方法として強く推奨され，教育現場でも普及しつつある［松下 2016］。

　アクティブラーニングとは「学生にあることを行わせ，行っていることについて考えさせること」［Bonwell & Eison 1991：2］であり，次の特徴が見られる。

・学生たちは聴講よりも能動的に参加している
・情報伝達ではなく学生たちのスキル開発により重点がおかれている
・学生たちはより高次の思考力（分析，統合，評価）に関わっている
・学生たちは活動に従事している（例，読解，議論，作文）
・学生自身の態度や価値を吟味することにより重点がおかれている

　ここから分かることは，より高次の学びやリテラシーの習得が重要視されることである。例えば，学生自身の態度や価値を学生自身で振り返ることの重要性は，「批判的リテラシー」に通じるものがある。また，学生が読解や議論，作文などの活動に従事している時でも，分析，統合，評価といった高次の思考過程に関わり，単なる情報伝達ではない能力開発に力点がおかれているということは，「機能的リテラシー」にも通じるものがある。

　日本のアクティブラーニングの訳語には，「主体的・対話的で深い学び」（2017・2018 年改訂小学校，中学校，高等学校学習指導要領解説）があてられている。2012 年 8 月の中教審答申「質的転換」では，アクティブラーニングの定義を「教員による一方向的な講義形式の教育とは異なり，学修者の能動的な学修への参加を取り入れた教授・学習法の総称」（2012 用語集 37）としている。

　具体的には，問題解決学習や体験学習，グループ・ディスカッション，ディベート，グループ活動などの方法である。学生・生徒たちの学びのス

タイルも，知識の伝達に偏った受け身で一方通行なものから教員と学生との双方向の自律的で能動的なアクティブラーニングへと変化したのである。

　では，具体的にESDではどのように教えられるのか。

（2）　学力の３要素

　2007年の改正学校教育法（第30条第2項）で示されたいわゆる「学力の3要素」と呼ばれるものがある。これは，（1）基礎的な知識及び技能，（2）これらを活用して課題を解決するために必要な思考力，判断力，表現力その他の能力，（3）主体的に学習に取り組む態度，である。これらの資質・能力は，小学校から高等学校までではなく，大学までを含む教育目標として位置づけられることになった［松下 2016］。同時に，改正学校教育法では，「思考力，判断力，表現力」などのPISAリテラシー（OECDによる読解リテラシー，数学的リテラシー及び科学的リテラシー）に関連した能力が「学校教育の最上位の目標に組み込まれ」［松下 2014：17］，その後の学習指導要領に反映され，教育内容として具体化されていった。

　これを受け，新学習指導要領改訂では，2030年以降の社会の在り方を見据えた育成すべき資質・能力として，各教科等の目標や内容など育成すべき資質・能力を次の3本柱で整理している。

①「何を理解しているか，何ができるか（生きて働く「知識・技能」の習得）」

②「理解していること・できることをどう使うか（未知の状況にも対応できる「思考力・判断力・表現力等」の育成）」

③「どのように社会・世界と関わり，よりよい人生を送るか（学びを人生や社会に生かそうとする「学びに向かう力・人間性等」の涵養」）［文部科学省 2016：51］。

ここで推奨されるアプローチは，「主体的・対話的で深い学び」とされるアクティブラーニングである。

（3） ESD におけるアクティブラーニング（ビデオレター交流）の評価とルーブリック

　ESD の授業では，単元終了時や学期末，学年末での筆記試験（統括的評価）で評価するよりも，子どもたちがどうしてある見方や考え方を持つに至ったのか，その過程を評価（形成的評価）することが重要になってくる。どちらの授業も基本的にアクティブラーニングであり，グループ学習，探求学習，協働学習，体験学習といった従来の机上での学習の範疇を超えた学びが主となる。

　より具体的には，フィールド調査などのインタビュー（子どもたちの問いは何か，どういったことを聞いてきたのか，何を学んだのか），作品や意見などの発表もしくはプレゼンテーション，作品や得られた成果に対する子どもたちの評価・感想など，例えばビデオレターの交流が考えられる。

　ビデオレターの交流において，生徒や子どもたちのパフォーマンス評価をする際には，評価の基準を詳細に示したルーブリックが用いられる。ここでは，国立教育政策研究所［2012］の ESD の観点に立った学習指導で重視する 7 つの能力・態度を参照する。それらは，①批判的に考える力，②未来像を予想して計画を立てる力，③多角的・総合的に考える力，④コミュニケーションを行う力，⑤他者と協力する態度，⑥つながりを大切にする態度，⑦進んで参加する態度，である。また，ビデオレター交流には，大きく①制作過程，②交流過程，③振り返り過程の 3 つのフェイズがある。

　ビデオレター交流の詳細は他章に譲るが，ここでは 3 つのフェイズの大まかな内容と評価の観点を提示したい。まず，「制作過程」では，子どもたちはグループをつくり，テーマや何を伝えたのかのメッセージを決め，それに沿って絵コンテをつくり，撮影・編集に入る。「交流過程」では，主にビデオレターの上映になるが，日本人同士の作品もあれば，外国の子どもたちがつくったビデオレターの作品上映もあろう。その後に，子どもたちは「ふり返り過程」として，自分たちのメッセージは伝わったのか，

表10-1　ビデオレター交流のパフォーマンス評価のためのルーブリック

	制作過程	交流過程	ふり返り過程
批判的に考える力	与えられたテーマや作業,メッセージなどについて,何をどのように進めていきたいのか自分で問題を設定することができる	相手や自分たちのビデオのメッセージは何かを明確に理解し伝えることができる	ビデオレターの交流から,何を学んだのかを明確に理解し伝えることができる
未来像を予想して計画を立てる力	与えられたテーマや作業(絵コンテ)などについて,情報収集をし,活動プランやストーリーを組立てることができる	こちらが伝えたいことを,ことばだけではなくさまざまな道具を使ってよく伝えられるように,工夫することができる	これまでの活動の反省点を活かし,今後のグループ活動に活かすことができる
多角的・総合的に考える力	与えられたテーマや役割に意欲的に取り組むなかで,疑問点や問題点を見いだし,解決案を探ることができる	ビデオメッセージで伝えられることと伝えられないことをよく理解し,交流に活かせることができる	交流によって,何が伝えられ,何が伝えられなかったのかを総合的に理解し,説明することができる
コミュニケーションを行う力	多様な書く・話すコミュニケーション(含ビデオ編集)において,作品やオーディエンスを通して自分の意思を明確に伝えることができる	こちらが伝えたいことを,ことばだけではなくさまざまな道具を使ってきちんと伝えられるように,工夫することができる	多様な言語・非言語コミュニケーションにおいて,どの方法が言語の通じない相手にメッセージを伝えられるのかを説明できる
つながりを大切にする態度 他者と協力する態度	グループワークなどで,仲間とのつながりを大切にし,他者と協力して活動を進めていくことができる	交流相手に敬意を表し,相手の立場に立って考えることができる.他者と協力して,友好的な交流活動ができる	交流相手に感謝やお礼のことばなどマナーを守っている.ふり返りで仲間の発言を良く聞き,班員の発言を促し,活発な話し合いに尽力できる
進んで参加する態度	グループ活動や個人のテーマ活動について,自ら進んで参加することができる	交流の場面で,自分の役割をよく理解し,交流を成功させるため行動をとることができる	ふり返りの話し合いを活発にするため,リーダーシップをとるか,もしくはグループワークの調整役を進んで行うことができる

海外のお友達のメッセージは何か,グループ学習で何を学んだのか,などの省察が行われる。

　ESDにおけるビデオレターの交流活動は,地域と世界をつなぐ教育で

あり，アクティブラーニングを用いた高次のリテラシーを身につけるための好例ともいえよう。表10-1にビデオレター交流活動で利用できるルーブリックの例をあげておいたので，参考にされたい。

◆参考文献

Bonwell, C. C. & Eison, J. A. [1991] Active learning: Creating excitement in the classroom. *ASHE-ERIC Higher Education Report No. 1.* (http://files. eric.ed.gov/fulltext/ED336049.pdf) 最終閲覧日 2020 年 10 月 15 日.

Gray, W. S. [1956] The teaching of reading and writing. UNESCO.

OECD [2004] Learning for tomorrow's world: First results from PISA2003.

UNESCO [1975] *Declaration of Persepolis*. Paris: International Co-ordination Secretariat for Literacy.

UNESCO [1997] Adult education the Hamburg declaration, the agenda for the future, *Fith international conference on Adult education* 14–18 July 1997.

UNESCO [2003] *Literacy, a UNESCO perspective*. Paris: UNESCO.

UNESCO [2019] UNESCO strategy for youth and adult literacy (2020–2025). *UNESCO. General Conference*, 40th. 40 C/25.

楠見孝 [2015] 「批判的思考とリテラシー」楠見孝・道田泰司編『批判的思考』新曜社，182–187 ページ.

国立教育政策研究所 [2012] 学校における持続可能な発展のための教育（ESD）に関する研究（最終報告書）www.nier.go.jp/kaihatsu/pdf/esd_saishuu.pdf

小柳正司 [2010] 『リテラシーの地平——読み書き能力の教育哲学』大学教育出版会.

日本ユネスコ国内委員会 [2017] 第 135 回教育小委員会　議事録参照.

樋口とみ子 [2012] 「ユネスコにおけるリテラシー概念の展開——リフレクト・アプローチに着目して」『カリキュラム研究』第 21 号，43–55 ページ.

平沢安政 [1983] 「識字運動における国際連帯に向けて——パウロ・フレイレと解放教育の思想」『部落解放研究』第 33 号，111–135 ページ.

松下佳代 [2006] 「大学生と学力・リテラシー」『大学と教育』第 43 号，24–38 ページ.

松下佳代 [2014] 「PISA リテラシーを飼いならす——グローバルな機能的リテラ

シーとナショナルな教育内容」『教育学研究』第 81 巻第 2 号，150-163 ページ.

松下佳代［2016］「アクティブラーニングをどう評価するか」松下佳代・石井英
　真編『アクティブラーニングの評価』東信堂，3-25 ページ.

文部科学省［2012］新たな未来を築くための大学教育の質的転換に向けて〜生涯
　学び続け，主体的に考える力を育成する大学へ〜（答申）.

文部科学省［2016］幼稚園，小学校，中学校，高等学校及び特別支援学校の学習
　指導要領等の改善及び必要な方策等について（答申）（中教審第 197 号）.

文部科学省［2017a］小学校学習指導要領解説.

文部科学省［2017b］平成 29 年改訂 中学校学習指導要領解説.

文部科学省［2018］高等学校学習指導要領解説.

山内祐平［2018］「教育工学とアクティブラーニング」『日本教育工学会論文誌』
　第 42 巻第 3 号，191-200 ページ.

第 11 章

国際理解を育む視点

長岡智寿子

　本章では，国際理解に向けた教育活動について，子どもたちを取り巻く
生活世界に視座を据えること，現実の社会で生じている出来事や社会問題
を知ること，学び合うことの必要性を提示する。その際，米国の子ども向
け TV 番組の実践事例を参考とし，成人教育における批判的思考を育むリ
テラシー概念を手がかりに検討する。

◆キーワード
　社会の問題を知ること，学び合うこと，批判的思考の獲得，自己を見
　つめ直すこと，共に生きること

1 国際理解に向けた教育活動について
——子どもたちを取り巻く生活世界の中で

（1）日本社会における国際理解に向けた教育活動の経緯

今日の学校教育の現場では，国際理解に向けた様々な活動が試みられ，多様な実践が蓄積されてきている［例えば，JICA 2013；日本国際理解教育学会2015］。法務省によれば，2019 年 12 月末現在，日本には 293 万 3,137人の外国人が在留しており，地域性はあるものの，今日の日本社会にて外国につながる人と接する機会は，もはや日常的であると言えよう。学校教育における国際理解教育の在り方についても，特別な状況における活動ではなく，生徒の日常生活の中で育んでいくことが欠かせない。ここでは，まず，国際理解のための教育が日本において展開されるに至った経緯を確認してみよう。

国際理解のための教育は，第二次世界大戦後の国際連合の理念，すなわち，平和の文化と人権の普遍性を追求する観点から，1947 年，ユネスコを中心に提唱された。その後，1950 年代にはアジア，アフリカ諸国の独立が相次ぎ，国連への加盟国が増える中で，それまでの米ソ冷戦下における軍事問題や，先進国と開発途上国における経済格差の拡大による南北問題など，人類共通の課題が次第に意識されるようになっていった。そのため，1974 年 11 月，第 18 回ユネスコ総会にて「国際理解，国際協力及び国際平和のための教育並びに人権及び基本的自由についての教育に関する勧告」（以下，74 年勧告）が採択された。それは，グローバルな視野を育むことや国際的な連帯の必要性に向け，人類共通課題の教育の重要性を述べるものであった。74 年勧告では，教育政策における主要な指導原則として，表 11-1 のとおり 7 項目（a）～（g）を提示している。これらの項目

表 11-1　ユネスコの 74 年勧告における教育政策の主要指導原則

(a)	すべての段階及び形態の教育に国際的側面及び世界的視点をもたせること
(b)	すべての民族並びにその文化，文明，価値及び生活様式（国内の民族文化及び他国民の文化を含む）に対する理解と尊重
(c)	諸民族及び諸国民の間に世界的な相互依存関係が増大していることの認識
(d)	他の人々と交信する能力
(e)	権利を知るだけでなく，個人，社会的集団及び国家にはそれぞれ相互の間に負うべき義務があることを知ること
(f)	国際的な連帯及び協力の必要についての理解
(g)	個人が，その属する社会，国家及び世界全体の諸問題の解決に参加する用意をもつこと

出典：文部科学省，国際理解，国際協力及び国際平和のための教育並びに人権及び基本的自由についての教育に関する勧告（仮訳）より．

では，幅広い視点により，異なる社会，文化を尊重し，かつ，他者とコミュニケーションを図る能力を深め，共に社会の構成員として認め合う視点や国際的なネットワークにより協力し，地球規模の課題の解決に向けて取り組んでいくことが求められている。また，その扱われるべき課題は，民族，平和・軍縮，難民・人権，開発，人口，資源・環境，文化遺産などが提示されている［文部科学省 1974］。

　しかし，ユネスコが示した勧告に対して，当時の日本政府の対応は消極的であり，国際理解のための教育は，むしろ，「日本の伝統・文化への理解と尊重」「異文化理解」「外国語・外国語コミュニケーション能力の育成」などが強調されるものであった。その背景には，1970 年代に急速に拡大した日本企業の欧米進出や 1980 年代の円高，経済の国際化により，「世界の中の日本人のアイデンティティ」の育成，「世界の中の日本の役割」への理解をめざす日本独自の「教育の国際化」が焦点となっていたことにあると指摘されている［藤原 2017］。

（2）生活世界を舞台とする国際理解教育

日本において国際理解教育が取り組まれるようになったのは 1990 年以

表 11-2　今日の国際理解教育の検討の視点

○国際理解教育の在り方
　・国際理解教育のねらい（国際理解教育で何を育てるのか）
　・教科や総合的な学習の時間等前教育活動を通じた国際理解教育の実践
　・学校や地域の実態に応じた実践の工夫

○国際理解教育の実践の在り方
　・学校や地域の実態に応じた実践の工夫
　・IT などの新たなツールを活用した実践手法
　・国際理解教育の効果的な収集・共有
　・子どもの主体的な取組を促進する学習活動上の工夫（学習の広がりをもたせる課題設定
　　や素材探し）

○地域の特性を生かした国際理解教育の在り方
　・地域の特色や課題を生かした国際理解教育
　・帰国・外国人児童生徒とともに進める国際理解教育

出典：https://www.mext.go.jp/b_menu/shingi/chousa/shotou/026/shiryou/04102501/001/001.
　htm/2020/07/13

降であり，「万人のための教育世界会議（Education for All）」（1990 年）
や「国連環境開発会議（地球サミット）」（1992 年）などにおける国際的な
合意も，その重要性が認識されるようになっていった要因といえよう。ま
た，広く学校教育の現場で国際理解教育が焦点化されていった契機として
は，平成 10 年（1998 年）の学習指導要領で導入された「総合的な学習の時
間」において，その一例に「国際理解」が掲げられたことがあげられる。
　文部科学省では，学校で取り組む国際理解教育の現状において，その検
討の視点として，国際理解教育の在り方，実践の在り方，地域の特性を活
かした在り方に分けてまとめている（表 11-2 参照）。学校や地域の実態に応
じた実践の工夫，地域の特色，課題を生かした教育活動が示されている。子
どもたちにとって身近な生活世界が国際理解のための舞台であるといえる。
　森田［2016］は，昨今，多くの学校教育の現場にて国際理解教育の重要
性に理解が示され，具体的な教育プログラムとして研究，開発が進められ
てきていることに評価を示しつつも，未だ課題が多いことについて次のよ
うに指摘している。1 つは，国際理解教育の実践をめぐる課題は，時を経
ても克服されることなく，類似の内容が指摘され続けていること。2 つに

は，目標，内容，方法，どれをとっても，多様な解釈が可能であり，また課題克服の方法も多様で複雑であること。3つには，国際教育は，世界，または国内の社会的状況の変化にも敏感でなければならないが故に，常に新しい課題と対峙せざるを得ず，現代的な課題をしっかりと理解しておかなければならないことを述べている［森田 2016：122-123］。

確かに，国際理解教育として扱われる課題は実に多様であり，実施するにもテーマを絞り込むことさえ難しく，また，地球規模の課題に応えようとも，とても授業期間中に解決策を見出せるようなものではありえない。目的や方向性を見失ってしまいかねないが，現代社会において生じている出来事について，子どもたちが自らの視点で考え，生活世界の中で課題を捉え直すことに繋がれば，社会の成り立ちや地域社会における人々のつながりなどを通し，暮らしの中の様々な訓えにも気づき，学ぶ契機となる。国際理解教育として包括される視点は，子どもたちの生活世界を軸に，育まれていくことに他ならない。

2　多様性を尊重する社会の実現に向けて
──米国社会における子ども向け TV 番組「Sesame Street」の実践から

外国にルーツを持つ様々な人との関わりがもはや日常的となった今日，国籍や肌，髪，眼の色が異なる生徒が互いに机を並べ，学校生活を送ることは，特別に珍しいことではなくなりつつある。そもそも，私たちは，年齢，職業，ジェンダー，エスニシティ，宗教，カースト，階層，学歴等のように，それぞれが多様に異なる背景を抱えて日常生活を営んでいる。人間が織り成す社会は多様性に満ち溢れており，個々に異なる背景や非対称の関係に置かれている者同士が現実世界を構成している［長岡 2018］。

多様な社会，文化的背景の下で，子どもたちにも分かりやすく学ぶ機会を提供する事例としては，米国で 1969 年から放送されている TV 番組

「Sesame Street」が挙げられる。「Sesame Street」は，ニューヨークの
マンハッタンの架空の通りを舞台とする子ども向け教育番組であり，ユニ
ークなマペットが番組のキャラクターとして注目され，日本の子どもたち
にも人気がある。この番組が誕生した背景には，1960年代の公民権運動
が高まる米国社会において，低所得者層の家庭の子どもたちにも就学前に
教育の機会を保障しようと開始されたヘッド・スタート政策（Head Start
Program）が前提にある。テレビ放送局のプロデューサーや心理学者が中
心となって，子どもが1日の生活の中でTV番組を視聴する時間とその経
済的環境を考慮し，就学前に教育の機会を提供する番組が制作されたので
ある。

　昨年，放送開始から50周年を迎えた同番組には，様々な領域からその
多様性を前提にしたキャストや番組内容に対する賛辞が送られている。そ
れは，未就学児童が対象の番組とはいえ，その内容が必ずしもアルファベ
ットや数字の数え方を学ぶことに固執するばかりではないからである。一
例としては，番組の人気キャラクターであるエルモ（Elmo）と黒人の女優，
歌手（Whoopi Goldberg）が互いに異なる容姿について興味を持ちつつも，
肌，目，髪の色などは交換不可能であり，その人の固有のものであること，
大切にしていきたいものであることを語り合う放送内容が挙げられる。こ
の他にも，人間には皆，違いがあること，そして，違っていても互いに尊
重し合うことの重要性が幼い子どもにも分かりやすく伝えられ，「Sesame
Street」は子どもたちに社会の現状を知ること，学ぶことの意義について
もメッセージを送り続けてきたのである。

　現在，米国では警官による黒人への暴行事件が起きたこと（2020年5
月25日，ミネソタ州）が契機となり，人種差別に抗議する動きが各地で急
速に高まっている。「Black Lives Matter」と記された横断幕を掲げて人々
が集まる抗議運動は，1960年代の公民権運動をしのぐほどであると指摘
されている。これまでの黒人に対する人権を無視した警察の対応への不満
や，新型コロナウイルスの感染拡大による貧困層への経済的影響も重なり，

図 11-1

出典：Sesame Street［2020］.

政治不信が募っていることが報道されている。

　このような状況を考慮すれば，これまでメディアを介して長きに渡り発信され続けてきた人権の確立や多様性の尊重を呼び掛けるメッセージは，何ら意味をなさなかったのであろうか。そのような疑問に返答するかのごとく，CNN では，いち早く，「Sesame Street」とのコラボレーションにより，人種差別に向けて共に考えていこうとする企画を展開している（図11-1 参照）。それは，「互いに語り，学び，そして行動に移していこう」と発信するものである。人種差別について，幼い子どもに理解を求めることは困難であり，望ましくないとする意見も伝えられている。しかし，様々な見解が示される中で，現実に生じている出来事について次世代を担う子どもたちにも考えてもらう機会を設定することは，社会全体でこの問題を考えていくことの重要性を訴えているものと考えられる。

　このようなマスメディアを介した問題提起も，多様性を尊重し，共生社会を実現していくためのプロセスではなかろうか。社会の現状を知ることから自らのポジショニング（立場性），または，アイデンティティを問い直す実践であるとも考えられよう。建設的な観点から批判的思考を育んでいくことが求められている。

3 批判的思考の獲得に向けて
——成人教育におけるリテラシー概念を手がかりに

　では，批判的思考を育む教育実践に向けて，どのようなアプローチが考えられるだろうか。ここでは，成人の識字教育の課題として提起されている批判的リテラシーの概念を手がかりに検討してみたい。

（1）リテラシー概念の変遷について

　一般に，リテラシーとは，文字の読み書き能力を示す語として用いられるが，今日，ユネスコは成人教育を推進する際に，基礎教育としてのリテラシー（識字）の展開を提示している。そこでは，リテラシー概念を広義に捉え，人々の日常生活の中で活用し，展開していくことが求められている。下記はユネスコの成人の学習と教育における勧告に記載されているリテラシーに関する説明である。

> 識字は，成人学習と教育の重要な要素である。それは，市民が生涯学習に参加し，地域社会，職場，そしてより広範な社会に完全に参加することを可能にする学習と熟達度の連続性を伴うものである。多くの技術，情報が豊富な環境で問題を解決する能力だけでなく，印刷物や書面による資料を用いて，文字の読み書きを行い，識別し，理解し，解釈し，作成し，伝達し，計算する能力が含まれる。識字は，生命，文化，経済，社会の進化する挑戦と複雑さに対処するために人々の知識，技能，能力を構築するために不可欠な手段である [UNESCO & UIL 2016：7，筆者訳]。

　ユネスコは 1946 年の発足以来，識字教育の重要性を説いてきたが，今

表 11-3 開発政策論と識字政策論の推移

年代	開発政策論	識字政策論
近代化論 （1950 年代～）	・経済発展を基軸とする発展説 ・WID　アプローチ	「機能的識字」をもとに「非識字状態にあること」を能力の欠如とみなす
人的資本論 （1960 年代～）	・教育への投資が高い経済成長	「実験的世界識字プログラム」(1967-1973)
従属理論 （1970 年代～）	・Basic Human Needs の充足 ・中等，高等教育，職業教育の重視 ・女性と開発（WID）：貧困アプローチ ・経済格差，男女の教育格差の拡大化への反省期	・ペルセポリス宣言（1975） ・「批判的識字」の提起 ・社会的，文化的・政治的側面を重視する識字へ
人間開発主義 （1980 年代～）	・基礎初等教育重視 ・男女間格差の是正 ・人間開発主義 ・WID から GAD へ ・ジェンダーの主流化へ	・人間開発の識字へ ・ニューリテラシー・スタディーズの登場

出典：モーザ［1996］, Rogers［2001］, EFA　Global　Monitoring Report Team［2006］, 長岡［2018］
　　より，筆者作成.
注：年代については，大まかな区分である.

日のように，人々にとってリテラシーが社会生活を送る上で，また，社会
参加を図る上でも不可欠な手段であると提示されるまでには，様々な変遷
があった。表 11-3 は，大まかな年代区分により，開発政策，識字政策の
変遷の経緯をまとめたものである。

　例えば，1958 年の勧告では，リテラシー（識字）について，「日常生活
における簡単な陳述を理解し，読み書きができること」とし，初歩的なレ
ベルでの読み書き能力に限定するものであった。1950 年代は，開発途上
国を中心に各国政府による積極的な識字教育政策が近代化政策の下で展開
された。そのため，当時の識字についての理解は，生活世界に根差した
様々な識字活動を重視するものではなかったといえる。1960 年代には読
み書きができない状態を「非識字状態」とし，「日常生活における基本的
な読み・書き・算術（3R's）の能力が欠如していること」と捉えられた。

そして，その克服を目指す，「機能的識字（functional literacy）」の概念が提起された。「機能的識字」とは，成人が社会生活を送る上で必要とされる読み書き能力を明確にするために提示されたものであった。さらに，1960年代後半には，経済発展に役立つ人材育成を重視した人的資本論が支持され，職業訓練としての識字教育が主流となっていった。

(2) 批判的思考を育む学習活動へ

　1970年代以降，基礎的な学びとしての識字が，社会的，文化的，政治的な改革と関連づけていくことにより，読み書きの学びは，初めて意義あるものと考えられるようになっていく。1975年には，イランのペルセポリスにおいて開催された「識字のための国際シンポジウム」にて，識字の定義は「単に，読み・書き・算術の技能にとどまらず，人間の解放とその全面的な発達に貢献するもの」とされ，「人間解放に向けた唯一の手段ではないが，あらゆる社会変革にとっての基本的条件である」とする「ペルセポリス宣言」が採択されるに至った。以降，「人間解放に向けた識字」をめぐる理念は，広く国際社会において承認されていくこととなる。

　続く1980年代の人間開発主義における「自立と人間の解放に向けた識字」が国際社会の中で支持を得ていく過程で注目されたのが，ブラジルの教育学者パウロ・フレイレ（P. Freire）による実践である。フレイレは，故郷ブラジルの農村レシフェにおける民衆教育の運動経験から，教育の両義性，つまり，教育に中立はありえず，識字は自らの置かれた状況を突破するための道具にもなるとする「変革のための実践活動」を強調した［フレイレ1979］。それは，読み書きを学ぶ学習者に対し，「意識化（conscientization）」を促すことにより，絶えず周辺化され，沈黙を強いてきた社会や文化に対して，「批判的思考の獲得」を目指すものであった。

　フレイレの「批判的思考の獲得」を目指す識字教育は，今日においても特に，開発途上国を中心に成人識字教育の教授法として採用されているが，

決してその限りではない。識字教育に限定されることなく，その他のノンフォーマルな成人の学習活動においても，批判的思考を育むアプローチとして用いられている。そのねらいは，自己へのふり返り（省察）や反省である。とりわけ，成人期の学びは人生における多様な経験を踏まえて，自らの「ものの見方」を今一度，捉え直すことを促す意識変容の学びでもある。

　テキスト中心の知識習得の学びではなく，対話を重ね，批判的な省察により信条が変化することを重視する学びは，子どもたちが世の中で生じている様々な出来事を知ることや異なる文化に触れ，共に学び合う実践活動にも対応するものである。問題の本質を理解すること，全体像を把握すること，そして自らの置かれた状態を客観的に考察する力を養う教育実践は，国際理解に向けた多様な取り組みにおいても求められる。

4　共に生きることを学ぶプロセスとして

　本章では，国際理解に向けた教育活動が日本社会にて展開される経緯について紹介し，子どもたちの生活世界に視座を据え，社会の中で生じている出来事について知ること，学ぶことの意義を多様性を尊重する社会における実践として，米国の就学前教育として放送されている子ども向けTV番組を事例に考察を試みた。さらに，国際理解のための教育活動において求められる批判的思考の獲得に向けて，成人教育における批判的リテラシー概念を手がかりに検討した。

　概して，国際理解のための教育活動では，外国語の習得や各国の文化を学ぶことが強調される傾向がある。しかし，冒頭でも述べたとおり，昨今の日本社会では，外国にルーツを持つ様々な背景を抱える仲間との交流や地域社会におけるつながり，関係性を意識する機会が急速に増している。変化の激しい社会情勢下では，知識の習得に基づく知的理解の促進のみな

らず，「なぜ，このような状況にあるのか」「どこからの情報なのか」「どのように成立していのだろうか」など，社会問題や矛盾点を問い直す批判的思考を養うことが，物事の全体像の把握や関係性をより詳しく見通し，理解するための力になる。それは，「既存の知識をもとに，評論するための「批評家」を育成するのではなく，多様な学習を通して，子どもたちの知の枠組みを鍛え直し，自らの日常生活を問い，そして生活を見直すという，いわば行動する主体を育成すること」[佐藤 2007：223] に他ならないのではないか。

　「異なる他者」の存在をどのように受け止め，より良い関係性を築いていくことができるのかは，容易に解答を得られるものではないが，対話やコミュニケーション等の活動を重ねることは決して無意味なことではなく，社会をより良い方向に展開させていく可能性を秘めている。現状から矛盾点や疑問を抱き，問題解決に向けて，語り合い，そして，互いの存在を理解し合おうとする態度は，共に気づき（情報共有），共に想い（共通理解），共に行い（体験共有），共に振り返り（課題共有），新たな気づき（感動等）をも育んでいく［立田 2007］。国際理解を育む視点の創造は，私たち一人ひとりが共に生きることを生涯に渡り学び合うプロセスとしても不可欠な課題であると考える。

◆参考文献

Barton, D., Hamilton, M. & Ivannic, R. [2000] Situated Literacies Reading and Writing in Context, Routledge.

EFA Global Monitoring Team [2006] Education for All Global Monitoring Report 2006, UNESCO.

Rogers, A. [2001] "AFTERWORD Problematising literacy and Development", Brain Street ed., *Literacy and Development*, Routledge, pp. 205-222.

Sesame Street [2020] CNN & Sesame Street - Coming Together: Standing Up to Racism (https://www.facebook.com/watch/?v=980797532375964/) 最終閲覧日 2020 年 7 月 13 日.

Street, B. V. [1995] Social Literacies: Critical Approach to Literacy in

Development, Ethnography and Education, Pearson Education Limited.

Street, B. V. [2001] Literacy and Development: Ethnographic Perspectives, Routledge.

UNESCO & UIL [2016] Recommendation on Adult Learning and Education 2015, p. 7.

佐藤郡衛 [2007]「国際理解教育の現状と課題——教育実践の新たな視点を求めて」『教育学研究』第 74 巻第 2 号，215-225 ページ．

立田慶裕 [2007]「学習のための資産形成に向けて」『家庭・学校・社会で育む発達資産』北大路書房，148-164 ページ．

JICA 教材作成実行委員会編 [2013]『国際理解教育実践資料集』埼玉県立総合教育センター監修．

長岡智寿子 [2018]『ネパール女性の識字教育と社会参加——生活世界に基づいた学びの実践』明石書店．

日本国際理解教育学会編 [2015]『国際理解教育ハンドブック』明石書店．

藤原孝章 [2015]「国際理解教育の景観——実践と理論をつなぐ」『国際理解教育ハンドブック』明石書店．

藤原孝章 [2017]「国際理解教育と平和教育」『平和教育学事典』京都教育大学 (http://kyoiku.kyokyo-.ac.jp/gakka/heiwa_jiten/pdf/kokusairikai kyoiku. pdf) 最終閲覧日 2020 年 10 月 14 日．

フレイレ，パウロ [1979]『被抑圧者の教育学』小沢有作・楠原彰・柿沼秀雄・伊藤周訳，亜紀書房．

法務省，在留外国人統計（旧登録外国人統計）統計表（http://www.moj.go.jp/ housei/toukei/toukei_ichiran_touroku.html) 2020 年 10 月 14 日閲覧．

モーザ，キャロライン [1996]『ジェンダー・開発・NGO ——私たち自身のエンパワーメント』久保田賢一・久保田真弓訳，新評論．

森田真樹 [2016]「現代における国際教育の課題と教育実践の視座——グローバル・シティズンシップの育成という視点を含んで」『立命館教職教育研究』特別号，121-131 ページ．

文部科学省 [1974] 国際理解，国際協力及び国際平和のための教育並びに人権及び基本的自由についての教育に関する勧告（仮訳）．

文部科学省「国際理解教育の現状について」(https://www.mext.go.jp/b_menu/ shingi/chousa/shotou/026/shiryou/04102501/001/001.htm/) 最終閲覧日 2020 年 7 月 13 日．

第 12 章

メディア・リテラシー教育における「批判的」思考力

村上郷子

　本章では，メディア・リテラシーの概念を整理しながら，「批判的」メディア・リテラシーや批判的教育学の源泉にもなったフレイレやジルーの「批判的」意味を取り上げ，彼らの考え方がどのようにメディア・リテラシーの「批判的思考力」（クリティカルシンキング）に影響を与えたのかを明らかにする。その上で，メディア・リテラシーの分析の枠組み及びジェンダーとエスニシティの批判的な分析事例を提示する。

◆キーワード
　　メディア・リテラシー，批判的，批判的思考力，クリティカル

1　メディア・リテラシー教育の源泉

　20世紀初頭以来欧米を中心に広がりをみせたメディア・リテラシーの概念は，急激な技術革新による教育，文化，ポピュラー・カルチャー，マスメディア，社会等のあり方の変化に伴い，さまざまに変容し続けている。ポストツゥルース時代の現在において，あらゆる形態のメディアやメディア・メッセージにアクセスし，分析し，評価し，省察し，創造することができる能力や知識，スキルを育成するメディア・リテラシー教育の必要性が世界中で叫ばれている。

　メディア・リテラシーの概念が世界中に広がりを持つ中において，海外で最も引用されている「メディア・リテラシー」の定義の一つに，「メディア・リテラシーは，あらゆる形態のコミュニケーションを使い，アクセスし，分析し，評価し，創造し，行動する能力」（アメリカ全国メディア・リテラシー協会 NAMLE：The National Association for Media Literacy Education）がある。「メディア・リテラシー教育」は，「メディア・リテラシーに関連したスキルの指導に専念する教育領域」であるとされる（NAMEL）。イギリスでは「メディア・リテラシー教育」の代わりに「メディア教育」という文言を使っているが，この2つの概念はほぼ同じと考えて良い。

　1977年の創設以来，社会を構成する市民として草の根レベルでメディアをめぐる多様な問題に取り組んできたFCTメディア・リテラシー研究所によれば，「メディア・リテラシーとは，市民がメディアを社会的文脈でクリティカルに分析し，評価し，メディアにアクセスし，多様な形態でコミュニケーションを創りだす力をさす。また，そのような力の獲得をめざす取り組みもメディア・リテラシーという」［鈴木 2013：17］。この定義では，メディア・リテラシーの要素として，批判的（クリティカル）思考，

メディア・アクセス，およびコミュニケーションの創造を明確に打ち出し，メディア・リテラシーの運動論的な要素も示唆している。

　ここで注意しておきたいことは，「メディア・リテラシー」ということばと「メディア・リテラシー教育」ということばが含有する意味の違いである。「メディア・リテラシー」は，字義的にはメディアの読み解き能力というように，個人がメディアについて身につけるべき能力やスキルを指し，伝統的な読み書き能力の「リテラシー（識字）」を超えた新しいリテラシー概念である。そして，「メディア・リテラシー教育」ということばには，教育によって「メディア・リテラシー」を広く流布させようという教育運動的な意味合いも包含されている。

2　批判的（クリティカル）とは何か

(1)　批判的（クリティカル）の意味

　メディア・リテラシー教育において，学習者が学ぶべき最も重要な能力の一つは批判的思考力（クリティカルシンキング）である。この批判的思考力は，媒体としてのメディアにアクセスし，メディアを通じて伝達された情報やコンテンツを批判的に分析・評価・省察するだけではなく，多様なメディア・テクストを発信していく能力やスキルを含有する。

　ここでいう，「批判的（critical）」ということばの意味は，もともと「（境界線にあるものがどちらか）見分けられる（critic）」（大修館）ことが原義であり，転じて「批判的」もしくは「批評の」といった意味で使われる。この「批判的」という意味は，対象のあら捜しや非難といった意味ではなく，メディアを介して様々なかたちに構成されている情報やメディア・コンテンツにアクセス・分析・解釈・評価・省察・発信することができるスキルや能力のことである。

メディアを批判的に読み解くことの根幹には，資本の不平等な分配によって生じた権力関係を説いたマルクス主義の影響を受けたフランクフルト学派や，文化を軸に個人と他者，国民国家，もしくはそれらとの権力関係をあぶり出したスチュアート・ホールらのカルチュラルスタディーズ，文化資本の再生産を論じたブルデューの文化再生産論，合意による支配を論じたグラムシのヘゲモニー論といった新しい知識社会学の考え方と関連している。現在の社会・経済・政治・文化システムにおいて，富・名誉・権力などは平等に分配されているわけではなく，そうした不平等や価値観，イデオロギーを批判的に分析し可視化していこうという考え方に基づく。こうした批判的思考力は，メディア・リテラシーの分析の枠組みの基盤にもなっているが，社会の不平等を被抑圧者の立場から可視化・意識化していこうとしたのはパウロ・フレイレである。

(2)　パウロ・フレイレにおける「批判的」の意味

　批判的教育学やクリティカル・メディアリテラシーの源泉となったのはブラジルの教育学者，パウロ・フレイレの思想と実践である。成人を対象にした生活の改革や被抑圧者の解放を目指したフレイレの被抑圧者の教育学とは，「自らの解放のための闘いを目ざす人々のための教育学」[フレイレ 2011：42] である。世界は平等にはつくられてはおらず，抑圧されている状態を認識している被抑圧者たちが，その状況を乗り越えるために，その原因や状況を批判的に分析し，失った人間性を取り戻すのだ。フレイレにとって，抑圧状況を超えていくことは，「批判的な再認識をすること，つまりそのような状況になっている『理由』を考えることであり，その状況を変革するような行動によって新しい状況をつくることであり，人間としてよりよき存在であろうとすることでもある」[フレイレ 2011：30]。フレイレは，被抑圧者が自らの被抑圧者としての状況を批判的に分析し，能動的に「意識化」していくことの重要性を説き，その方略として問題解決

型の教育を提唱した。問題解決型の教育の土台となるのは対話であり，「対話なくして問題解決型学習はない」［フレイレ 2011：102］とも述べている。その「対話」の根幹をなすものは「行動」と「省察（ふり返り）」であり，人間が人間として何かを欲して行うための根源的なもの，すなわち「実践」であり，世界の「変革」につながるのである。これは状況を「意識化」することによるエンパワメントとも言えるが，その基幹となるのは批判的思考力である。

　フレイレの「対話」，能動的「意識化」の「省察（ふり返り）」及び「行動」は，メディア・リテラシー教育のあらゆるところに影響を与えている。例えば，メディア・リテラシー教育に関する理論を初めて体系的に記したとされるイギリスのマスターマンは，その主著『メディアを教える（*Teaching the Media*）』［Masterman 1985］で，メディア・リテラシー教育について「対話，省察（ふり返り），行動」のプロセスの重要性を説いた。

　また，デジタル・メディアリテラシーを推進しているアメリカ合衆国のルネ・ホッブス［Hobbs 2010］は，デジタル・メディアリテラシーの必須能力として，「アクセス」，「分析及び評価」，「創造」，「ふり返り」，「行動」を掲げた。これは，アメリカ全国メディア・リテラシー協会（NAMLE）の定義における能力にフレイレの「ふり返り」を加えたものである。これらの5つの能力のプロセスを繰り返すことによって，「メッセージの消費と創造の両方の過程を通じて生涯学習における人々の能動的参加をサポートし，エンパワメントのスパイラルとして連動する」［Hobbs 2010：18］という。このようにフレイレがメディア・リテラシー教育に与えた影響は大きい。

（3）　批判的教育学と批判的思考力

　フレイレの理論を基に発展した学問領域のひとつに批判的教育学がある。民主社会における公共圏としての学校や教育の分野で繰り広げられる不平

等の構造化を明らかにしたジルー（Giroux, H. A.）らの批判的教育学の著作が代表的である。ジルーは，例えば，社会科と批判的思考力に関連して，学校で教えられている人類の歴史や文化というものは，だれかによって選択された部分を系統的に教えているにすぎないと主張する。社会科のカリキュラムを例に，「客観的という名の下に，我々の社会科カリキュラムの大部分が，社会的現実の解釈的で規範的な考え方を代表する支配的な規範，価値観，考え方に普遍化されてしまう」[Giroux 1988：61] と指摘した。ジルーは，こうした公教育のアプローチを「無垢の知覚（immaculate perception）」と呼び，こうした教育方法は批判的に思考できないか，批判的に思考することを恐れたりする生徒を生み出しているとも述べている。

　ジルーによれば，批判的思考力と呼ばれるものの中心部分で触れられてこなかった2つの仮説がある。1つ目は，「理論と事実の間には関係性がある」ということ，2つ目は「知識は人間の利害，習慣及び価値観から切り離すことができない」ということである [Giroux 1988：62]。理論と事実の関係性について，ジルーは「知識」と呼ばれるものの脆弱性に根本的な問いを投げかけることの重要性を指摘している。なぜなら「知識」の中身は時の権力関係によって変化しうるものであるからだ。よって，批判的思考力とは既存の知識について鵜呑みにせず批判的に考察することが必要だとも示唆している。

　フレイレとジルーとの批判教育学としての大きな違いは，フレイレが抑圧状況の「批判」の分析の果てに，行動の「変革」を通して自由な状況になれると考えるが，ジルーの場合は抑圧状況の変革のための行動の意図は薄い [森本 2014]。両者に違いはあるものの，小柳 [2003：15] は批判教育学における「批判的」な意味を次のように整理している。「批判的な人は，正当性を求め，解放を求めてエンパワーされている人である。批判的な人は，正当性をただ認知し，そのような思考形式にただ熟練するだけでなく，問題に向けて，それを変えるために動く人でもあるという点である」。ここから，批判的な人の特徴として，隠れた問題を認識でき，またその問題

を変革できる人物像が読み取れる。

3 メディア・リテラシー分析の枠組み

　メディア・リテラシー教育におけるコア・コンセプトはさまざまあるが，日本でもよく知られているカナダ・オンタリオ州では，メディア・リテラシーのコア・コンセプトの概念や方法論を世界でいち早く提示し，教職員を中心にメディア・リテラシーの実践に大きな役割を果たしてきた。1989 年発行当時のカナダ・オンタリオ州教育省のメディア・リテラシー概念は，イギリスのレン・マスターマンやカナダのマーシャル・マクルーハンのメディア論の影響を受けながら 8 つの基本コンセプト［鈴木 2013］であったが，近年次の 5 つの基本コンセプトにまとめて提示している［Ontario Ministry of Education 2007］。

①All media are constructions（メディアはすべて構成されたものである）
②The media contain beliefs and value messages（メディアにはものの考え方や価値観のメッセージが含まれる）
③Each person interprets messages differently（各人がメディア・メッセージを各様に理解する）
④ The media have special interests（commercial, ideological, political）（メディアは商業的，イデオロギー的，政治的意味を持つ）
⑤ Each medium has its own language, style, form, techniques, conventions, and aesthetics（メディア媒体はそれぞれ独自の言語，スタイル，形式，技法，約束事および美学を持つ）

　まず，第 1 の「メディアはすべて構成されたものである」とは，メディアは現実をそのまま映しだしているのではない。ある意志決定によって

メディアが現実にある出来事や考え方などを再構成し，注意深く「現実」と思われるものを再提示（リプレゼンテーション）しているという考え方である。

第2の「メディアにはものの考え方や価値観のメッセージが含まれる」とは，例えば消費の美徳，権威の容認，ジェンダー役割，望ましいライフスタイルなど，社会文化的な価値観や生き方，考え方についての世論形成にメディアが大きな影響を与えている，ということである。私たちの考え方や価値観，振る舞い，嗜好などにも，知らず知らずのうちにメディアの「宣伝」による刷り込みがなされているという考え方である。

第3の「各人がメディア・メッセージを各様に理解する」では，メディアから同じ「現実」を提示されても，オーディエンス（メディアの受け手・視聴者）の社会・文化的背景や年齢，性別，過去の経験などによってその解釈や理解は違ってくる。

第4では，「メディアは商業的，イデオロギー的，政治的意味を持つ」ため，メディアを発信する側からすれば，メディア・コンテンツの制作は商業的にはビジネスであり，政治的には支持率を上げる道具でもある。ビジネスである以上商業的には利益を上げることが優先課題となるため，私たちはメディア産業の仕組みや制度そのものを理解することが求められている。メディアのイデオロギー性や政治性とは，発信する情報や話題を選択し，映像技法を駆使することにより，政治的・社会的世論形成に大きな影響力を持つ，ということである。

第5の「メディア媒体はそれぞれ独自の言語，スタイル，形式，技法，約束事および美学を持つ」とは，例えば同じ出来事を伝えるにしても，新聞とテレビでは様式が異なるように，メディアはそれぞれ独自の文法を持ち，独自の様式や方法で「現実」を構成しているということである。また，メディアはそれぞれ独自の芸術様式をもっているため，私たちは，メディアを批判的（クリティカル）に読み解くだけではなく，多様なメディアの芸術様式についての感性を磨き，鑑識力を高めていく必要がある。

これらカナダ・オンタリオ州教育省のメディア・リテラシーの５つの基本概念は，多くの国や地域のメディア教育やメディア・リテラシー関連団体で引用され，今日のメディア・リテラシー教育のさまざまな分析の枠組みの土台となっている［坂本 2019］。その最も重要な能力は，批判的思考力である。例えば，カナダのメディア・リテラシー教育から大きな影響を受けたアメリカの NAMLE では，「メディア・リテラシー教育のコア原理」の最初の原理の中で，「メディア・リテラシー教育は私たちが受信・作成するメッセージについてアクティブな問いと批判的思考を必要とする」と明記している。

次節では，メディア・リテラシー教育の実践における批判的思考の具体的な考え方，ここではジェンダーとエスニシティについて述べる。

4　メディア・リテラシー教育における批判的思考の実践

（1）ジェンダー

ジェンダーとは，生物学的な男女の差ではなく，社会・文化的に形成された性規範のようなものである。メディア媒体をジェンダーの視点から批判的に読み解くと，雑誌やテレビ，新聞などの広告などには，きわめて自然な形で，ジェンダーや社会的役割がリプリゼント（再構成）されているものが少なくない。例えば，テレビなどの広告で，どのような人たちが家事や育児，介護に従事しているのか，商品の内容や効能を説明しているのはどのような人たちか，女性や男性の描き方にはいかなる隠れたメッセージがあるのか，を批判的に読み解く訓練も必要であろう。

図 12-1 を見てほしい。2019 年 2 月 28 日付けの京都新聞によれば，防衛省自衛隊滋賀地方協力本部作成の自衛官募集のポスターに批判が起こったという。すぐ分かることは，女性キャラクターのスカートが極端に短

図 12-1

出典：「『下着ではなくズボン』 ちら見え，自
衛官募集ポスターに批判」『京都新聞』2019
年 2 月 28 日 22:22（写真：自衛隊滋賀地方
協力本部ホームページより）（https://www.
kyoto-np.co.jp/articles/-/4066）2020 年 7
月 3 日最終アクセス.

く，下着のような着衣が見える描写である。記事によると，同本部は「指
摘の着衣は，下着ではなくズボンだという設定で，適切な範囲だと考えて
いる」と説明しているという。では，この広告の何が問題か。

　まず指摘できるのは，女性キャラクターの足の露出度が極端に多く，そ
れを同本部の人たち（男性か）は問題とは思わないことが問題である。ジェ
ンダーの視点からみていくと，描かれる側は男性よりも女性の方が圧倒
的に多いわけであるが，この広告もキャラクターとはいえ「見られる性的
存在」として女性が描かれている。そして，このキャラクターを見る側の
多くは若い男性を想定していることが推測される。このような肌の露出度
が高いキャラクターのイメージ広告が男性はもとより女性も自然と受け入
れてしまうということは，見る側（多くは男性）と見られる側（多くは女性）

の力学，すなわち見る側の権力作用までも固定化しかねない懸念がある。

　メディア・リテラシーはメディア分析だけではない。例えば，SNS に
メッセージ（テクスト，写真，動画等）を投稿する時，自分は何のために，
どのようなメッセージを発しているのか（目的とコンテンツ），どのような
オーディエンスをターゲットにして，メッセージを発しているのか（オー
ディエンス），発信するメディアによってメッセージはどのように効果的
に伝えられているのかなど，メディア制作者の立場からの視点も重要であ
る。その際に気をつけなければならないのは，制作・発信する側にはある
種の権力作用がはたらくということである。ジェンダーの視点からは，見
る側と見られる側の権力作用が固定化されない工夫が必要になってくる。

（2）　エスニシティ・マイノリティ

　法務省出入国在留管理庁速報値によれば，2019 年の外国人入国者数
（再入国者数を含む）は約 3,119 万人で，前年より約 109 万人増加し，再
入国者数を除いた新規入国者数は約 2,840 万人で，前年に比べ約 83 万人
（3.0%）増加となり，どちらも過去最高となった。国籍・地域別の新規入
国者数 1 位は中国（構成比 26.1%），2 位が韓国（同 18.8%），3 位が台湾
（同 15.9%），と続く。COVID-19（新型コロナウイルス感染症）の拡大によ
り，多くの国において海外渡航制限や外出禁止等の措置が取られる以前の
訪日外客統計（日本政府観光局 2020 年 1 月推計値）での上位国は中国，台
湾，韓国，香港，アメリカで，ほとんどの外国人はアジア系ということに
なる。しかし，多くの雑誌やインターネット，テレビ等の広告の被写体モ
デルは日本人以外では圧倒的に白人が多くはないだろうか。それはなぜな
のだろうか。隠れたメッセージは何だろうか。

　日本では，欧米に比べるとエスニシティの問題は大きく顕在化してはい
ないが，テレビや新聞，インターネット等で非白人系の人たちを登用する
ことも意識されるべきであろう。例えば，都心のコンビニや居酒屋等の接

客業では外国人が多数働いており，外国人の労働者を見ない方が珍しい。こうした外国人，とりわけアジア系外国人は，どのように描かれているのか，描かれていないのか。それらを含め私たち日本人の偏見や差別，ステレオタイプ，もしくは描くものと描かれるものとの権力関係などを理解することは重要である。例えば，18歳選挙権に関する高校の授業では，クラスの中に外国籍の生徒がいる場合の配慮や日本では認められていない外国人参政権について，ほとんど議論されていない。エスニシティが絡む事例では，特定の人種や民族，宗教などへの憎悪をあおるヘイトスピーチについても同様であろう。

　ジェンダーやエスニシティだけではなく，性的マイノリティのLGBTの人たち，日本人のマイノリティともいえる，いわゆる部落やアイヌの人たち，社会的弱者とされる障碍者，高齢者，子ども，もしくは経済的弱者とされるホームレスの人たちや非正規労働者たちなどを取り巻く問題などをどのように描くのか，またはないものとして描かないのかも争点になってくる。日本ではジェンダー，エスニシティ，マイノリティの問題は可視化されにくい状況にあるが，こうした問題が「描かれない」ところに権力作用がはたらいていると見るべきであろう。

（3）　多様なメディア・リテラシーの可能性と批判的思考

　紙幅が限られているため，ここではジェンダーとエスニシティに特化してきたが，メディア・リテラシーは現状を正確に写し出していない，とメディアを非難する意図はない。まして現状を歪曲して表象しているメディアは良くないからメディアを利用しないようにしようといった保護主義的な考え方を促進するものでもない。メディア・リテラシーは今見えているものと見えていないものを批判的に考察することによって，多様な声に耳を傾け，よりよい民主主義社会を形成するための一助になるものである。例えば，憲法改正論，女性天皇の問題，沖縄の基地問題など，意見が異な

る問題を考えるニュース・リテラシーを育む上で，学校などの教育機関との連携は有効であろう。

　学校における「メディア・リテラシー教育」について，バッキンガム[Buckingham 2019] は，メディアで（with），もしくはメディアを通して（through）教えることだけではなく，メディアやテクノロジーについて（about）教える必要があると指摘した。この指摘は，メディア・リテラシーを教えるなら，メディアについても教えるべきだ，という主張でもあると考えられる。誰もがメディアにアクセスしコンテンツを発信できる今，テレビやインターネット上のメディア・コンテンツの読み解きだけがメディア・リテラシーではなく，メディア・コンテンツの発信者としては既存のメディアと同じ土俵にたっていると考えても良い。

　メディアやテクノロジーの進化は私たちの生活を豊かにしてくれるが，使い方を誤ると自分自身のみならず他人をも傷つけてしまう諸刃の剣でもある。バッキンガムの指摘は，ともするとメディアの危険性を訴える保護主義的な論調やいわゆるメディアを介した ICT リテラシーなどに走りがちな傾向のある日本の教育に一石を投じたともいえるだろう。

　私たちは，大人も子どもも自身にとっていごこちのよいネット空間をもっている。こうした中では，同質性のみが昇華し，異質なものや好意的でないものを排除し，無視し，拒絶しようとする。私たちは多様性に寛容でなく，知的欲求についての格差が広まりやすい環境に生きている。私たちの生活に直結した社会問題を含め，多様な論争のある問題について，子どもたちの知的欲求を触発するような教育が望まれる。子どもたちの間に知的欲求の格差を広げてはならない。そのためには，学校の内外において批判的思考を醸成する環境と実践が必要になってくる。

◆参考文献

Buckingham, D. [2019]「Media education in the age of digital capitalism」
　　『メディア情報リテラシー研究』第 1 巻第 1 号，20–33 ページ.

Giroux, H. A. [1988] *Teachers as intellectuals*. Massachusetts: Bergin & Garvey Publishers.

Hobbs, R. [2010] Digital and Media Literacy: A Plan of Action. *The Aspen Institute Communications and Society Program 2010* (https://assets. aspeninstitute.org/content/uploads/2010/11/Digital_and_Media_Literacy. pdf) 2020 年 7 月 3 日最終アクセス.

Masterman, L. [1985] *Teaching the media*. London: Routledge.

Ontario Ministry of Education [2007] The Ontario Curriculum Grades 11 and 12: English (http://www.edu.gov.on.ca/eng/curriculum/secondary/ english1112currb.pdf) 2020 年 7 月 3 日最終アクセス.

小柳和喜雄 [2003]「批判的思考と批判的教育学の『批判』概念の検討」『教育実践総合センター研究紀要』第 12 号, 11-20 ページ.

坂本旬 [2019]「メディア・リテラシー教育におけるコア・コンセプトの理論と展開」『法政大学キャリアデザイン学部紀要』第 16 号, 33-58 ページ.

鈴木みどり編 [2013]『最新 Study Guide メディア・リテラシー入門編』最新版, リベルタ出版.

総務省 (https://www.soumu.go.jp/main_sosiki/joho_tsusin/top/hoso/kyouzai. html) 2020 年 7 月 3 日最終アクセス.

フレイレ, パウロ [2011]『新訳 被抑圧者の教育学』三砂ちづる訳, 亜紀書房.

森本洋介 [2014]『メディア・リテラシー教育における「批判的」な思考力の育成』東信堂.

第 13 章

持続可能な地域のあり方に向けた学校教育

寺崎里水

日本全体で東京一極集中が進み，地方都市は人口減少が著しい。地方都市が衰退すれば，東京もいずれ衰退することになる。本章では地方都市から東京へと資源が移動する構造がいつできたかについて概観し，学校教育のあり方も，それと無関係ではなかったことを説明する。そして，地方創生に関わる近年の政策のなかで，学校教育に対する期待が向けられている現在，地方と東京の従来の関係を再考する新しい考え方の必要性について述べる。

◆キーワード
　地域間格差，地方創生，中心と周辺，人づくり

1　地域間格差の構造

　日本では教育／就職機会の地域間格差が大きく，進学や就職にあたって，大都市への地域移動が当然視されてきた。その背景には，近代日本の発展過程において，人的資源，エネルギー資源，食糧など，あらゆるものを都市に供給する地方という格差の構造が形成されてきたことがある。その構造の形成過程について，まず近代化過程の日本海側と太平洋側の関係について，次に戦中から戦後にかけての東京と東北の関係，学校教育の果たした役割についてみる。

（1）　日本海側と太平洋側

　古厩［1997］は，近代日本の発展の過程で，日本海側（「裏日本」）から太平洋側へと，人・モノ・カネの一方向の移動が確立されたと指摘している。古厩［1997］は，「裏日本」という概念について，辞書的には本州の日本海側一帯を指すが，自然地理的概念にとどまるものではなく，日本の近代化のなかで産み落とされた政治的産物であると述べている。今日では「日本海側」という表現に置き換えられるが，「裏日本」という言葉が1900年ごろから社会的格差を表現する言葉として登場したことに鑑み，古厩［1997］にならって，歴史用語として「裏日本」という言葉を使用する。

　古厩［1997］によれば，近代になって経済構造が変容するまで，日本海側地域は当時の物流のメインルートとなる海上貿易によって，豊かな生活を営んでいた。明治中期以降，鉄道敷設によって国内の交通体系が海から陸へと移行するのとほぼ同時に日本郵船による定期汽船航路網が整備され，日本海側の海上貿易は著しく衰退した。また，鉄道や海運といった社会資本への投資がのちの太平洋ベルト地帯と北海道に集中的になされたため，

日本海側は産業基盤整備が立ち遅れ，結果として手工業・地場産業の機械制工業への転換がうまくいかなかった。こうして工業化・資本主義化のための産業基盤全体の立ち遅れ＝「裏日本」化が進んだのである。

　経済発展だけではなく，日本海側から太平洋側への資金の移転というかたちでも格差の構造化は進んだ。中村［1979］は，日本資本主義（資本制企業）の成立と発展にとって不可欠の資金の源泉は農村部に蓄積された資金であり，具体的には地租と地代だったと述べている。そして，地代が資本へと転換される過程には，①地代→地租→資本と，②地代→資本という2つの経路があったという。古厩［1997］は中村［1979］を踏まえ，とくに①について，米単作地帯の平野が多い日本海側諸県が地租収入に果たした役割が大きかったこと，日本海側から集められた資金が太平洋側に集中的に投資されたことを指摘し，日本海側から太平洋側への資金移転の様相を明らかにした。②については，地租改正が生み出した寄生地主制によって高額小作料を手にした地主層が，その余剰資金を銀行や鉄道などに投資するという構造ができるなかで，同様に日本海側から太平洋側への資金移転が起きたといえる。この過程で地方銀行が果たした役割は大きく，中村は，「地方銀行とはまさに農村資金の商工業部門への吸い上げを行うサイフォン装置にほかならなかった」［中村 1979：75］と述べている。

　こうして太平洋ベルト地帯の工業都市が形成されるにつれ，「裏日本」の農村から，表日本の都市部へと人口が移転する構造も形成された。工業都市で働く労働人口だけでなく，軍隊や教育についても同様である。古厩［1997］によれば，明治初めの軍管鎮台は東京，仙台，名古屋，大阪，広島，熊本に置かれ，「裏日本」には日清戦争後になって金沢にようやく置かれた。高等教育機関は日露戦争前に盛岡，仙台，東京，名古屋，大阪，神戸，岡山，広島，山口に20数校置かれたものの，「裏日本」には金沢に2校設置されたのみであった。

（2）　東北地方と東京

　都市に人・モノ・カネなどの資源を供給する地方都市という構造は，近代以降の東北と東京との関係にも見出すことができる。赤坂ほか［2011］は，東日本大震災後の福島のおかれた状況を説明する際，近代日本の発展のなかで形成されてきた大都市に搾取される植民地としての地方都市という社会構造の問題があると指摘している。植民地という言葉の含意については，赤坂の次のような部分から読み取ることができよう。

　　最初に僕のなかに浮かんだのは「なんだ，東北って植民地だったのか，まだ植民地だったんだ」ということです。かつて東北は，東京にコメと兵隊と女郎をさしだしてきました。そしていまは，東京に食料と部品と電力を貢物としてさしだし，迷惑施設を補助金とひきかえに引き受けている，そういう土地だったのだと［赤坂ほか 2011：15］。

　東北が大都市に食料，具体的にはコメを供給するようになったのは，「東京市場の膨張，戦中と敗戦後の食糧増産政策，戦前のコメ供給地だった朝鮮と台湾の分離」［小熊 2011：126］が背景にある。小熊［2011］によれば，東北のコメ生産は，政府がコメを固定価格で買い上げる食糧管理制度の制定（1942 年）によって高まったという。気候条件の悪い東北は，その後のコメ需要の低下においても，政策的に価格が安定しているコメ生産にとどまり，結果として「コメどころ」としての地位を確立することになった。
　また，高度経済成長期の東北が労働力の供給地だったことは周知の事実である。1960 年代以降，兼業化が進む農家では，「高齢者が農家を営みながら，主婦は上記のような工場（筆者注：1960 年代に急成長した日本の自動車産業や電器産業が，労働力不足に対処するために農村地帯に設立した工場，あるいは都市の工場で仕事を覚えた人たちが農村に帰って起こした孫請け，曾

孫受けの零細部品工場）などで働き，東京で働く者・地元の土建業者など
で働く者・役場や農協など公共部門で働く者などが家族を構成する」［小
熊 2011：129］のが典型的な形態であった。

　さらに，東北が東京に電力を供給するようになった経緯は，1930 年代，
米価の暴落と冷害によって深刻な経済危機に陥った東北に，その対策とし
て東北振興事業が開始され，東北振興電力株式会社が設立されたことに端
を発する［小熊 2011］。電力事業は国家総力戦体制のもと，コメ同様に国
家統制下に入り，軍需産業に電力を供給した。戦後も国家の管理下におか
れたまま，地方の巨大電源開発が促進され，そして，「コメが減反に転じ，
過疎化が進んだ高度成長末期から，東北に原発と交付金がやってきた」
［小熊 2011：133］のである。

（3）　学校教育の役割

　近代から現代にかけて，都市と地方の「分業」が進み，人・モノ・カネ
の一方向の移動が確立されるなかで，「上京」は立身出世物語に必須の要
素となった。明治 20 年代に学校案内の雑誌が誕生したとき，そのキーワ
ードになったのは「遊学」「遊学者」であった［竹内 1991］。遊学とは，
「故郷ヲ去リ，他方ニ出デテ，学問スルコト」［竹内 1991：64］である。竹
内［2005］は，1930 年に出版された『名士の少年時代』全 3 巻の分析を
紹介し，集録者のうち 91％が遊学者であったと述べている。明治から昭
和初期にかけての短い間に人々の立身出世の物語，とりわけ学校教育を利
用した学歴エリートの物語が成立したが，そこには都市と地方の「分業」
を前提に，故郷を離れて都市に出ることが織り込まれていたといえよう。

　そして，都市と農村の間には，戦前から戦後を通じて，大きな経済的文
化的格差が形成されていった。竹内［2005］は，都会で社会的上昇移動を
果たした人が帰郷したとき，服装から立居振る舞いまで，まったく違って
いたと指摘する。「事実，昭和三十年代までの農村の若者にとって高等教

育に進学し，『インテリ』になるというのは，単に高級な学問や知識の持ち主になるというだけではない。垢ぬけた洋風生活人に成り上がるということでもあった」［竹内 2005：229］。農村の若者には，「垢ぬけた洋風生活人」の態度が，高い社会的地位と経済力に由来すると同時に，まさに都市に出たおかげであると見えたにちがいない。

　このような都市と地方の様々な格差を前提とする社会構造は，地域の学校教育の役割にも影響を及ぼした。戦後，全国各地に新制高校が設立されたが，地方には地域の産業を反映するかたちで専門学科の高校や実業科目のコースが置かれた。しかし，大都市と地方の教育機会や就職機会の格差，経済発展の格差やそれにともなう生活水準の格差があるなかで，大都市に出たいと望む若者が増加し，次第に都市に進学・就職するための普通科に置き換わっていくことになった［樋田・寺崎 2018］。教育／就職機会の地域間格差がますます拡大していく間，地方の高校は人材を大都市に供給する役割を果たすことになったのである。樋田・樋田［2018］は，こういった構造のなかで，地方の教師は就職指導や受験指導によって，生徒を都市の企業に就職させたり，地元を離れて大学に進学させたりすることを使命とするようになったと指摘する。その結果，地方都市では「成績上位層であるほど地方県からスピンアウトするという現象」［吉川 2001：213］や，労働人口の流出が問題化することになった。しかし，都市と地方の格差構造を前提とする高卒者の地域移動は進路指導研究のなかでは当然視され，都市と地方の関係や高校教育が果たしてきた役割の是非が論じられることはほとんどなかった。

2　二分法的観点再考

　今日，「裏日本」と「表日本」との格差，東北と東京との関係は固定しているようにみえる。古厩［1997］は，「裏日本」と「表日本」の格差に

ついて，単なる発展段階の時間的なずれによって生じたもの，すなわち発展段階の進展によって解消可能な格差としてとらえるのではなく，高度成長のための経済効率至上主義や中央集権的国土計画といった日本の近代化過程で取り入れられたある一定の価値観と，それにもとづく政策によって生み出された格差としてみるべきと述べる。同様に，東北と東京との格差を生み出した戦後日本の経済成長が政府の指導と統制保護のもとにあるという点で，総力戦体制期を基礎とする構造の延長線上にあるとする小熊の主張は，古厩の主張と同じとみていいだろう。

　したがって，「日本の近代化過程で取り入れられたある一定の価値観」とは何かについて考えなければならない。古厩は，「裏日本」という言葉の使われ方のなかに，「立ちおくれへの劣等感」から「格差を自然的・気候的要因で隠蔽するとともに，より本質的には経済効率主義の観点から地域的『分業』を合理化しようとする」［古厩 1997：183］宿命観や，逆に立ちおくれを「不当で不平等な扱いによるものとする反発・反逆」［古厩 1997：183］と「格差是正を正当化しようとする感情」［古厩 1997：183］とのアマルガムがみられると指摘している。そして，いずれの背景にも，「経済的発展を社会を測る尺度とする産業主義を基底にもったイデオロギー」［古厩 1997：183］があると主張する。このイデオロギーは，富国強兵のための国策として「分業」を押しつけられ，戦後は原発や公害コンビナート建設の「分業」を「承諾」させられるときに，生きるためにはやむをえないと「自己を慰撫する論理」［古厩 1997：184］となった。それと同時に，中央を頂点とするヒエラルキーのなかで，「下落を防ぎ少しでも上にいこう」［古厩 1997：184］とする原動力であり，みずからの「裏」を作り出すことによって，「表」に転化する可能性を模索する動きにもつながったことも指摘する。それはたとえば戦前には国策にのって日本海の対岸へ進出する動きとなったし，戦後には農村の嫁不足に対してアジアから花嫁をつれてくることを正当化する考えに表れている［古厩 1997］。

　開発と教育を扱う開発経済学や開発教育学の領域では，20 世紀末にす

でに，経済的発展を社会を測る尺度とする産業主義を基底にもつようなイデオロギーについて，批判的な見方が現れている。近代合理主義に対する批判のなかで，これまで当然視されてきた全体の統一性という考え方や制度的なものの見方を否定し，多元的な考え方を導入しようとする現代思想の動きが顕著になっていた。そのなかで啓蒙主義における「限りない進歩」という思想や近代化論者の「成長／開発」の思想に対して懐疑の目を向け，文明と未開，近代と伝統，「開発」と「低開発」，中心と周辺，といった二分法的観点の根本的見直しが求められるようになったのである［江原 2003］。

　この観点に従えば，経済的発展の度合いによって社会を測る尺度とする産業主義を基底にもったイデオロギーのもと，地方都市は常に「未開」「伝統」「周辺」と位置づけられ，「開発」された都市という理想に向かって「他律」的に「開発」されてきたといえよう。赤坂ら［2011］が「フクシマ」の復興にあたっては 20 世紀に築かれた経済社会構造と「成功」体験から決別することが肝要だと述べているのは，（「裏日本」や）東北がこうしたイデオロギーを脱する必要があるという主張である。都市に対する地方という二項対立的な位置づけから脱した，地域社会やその住民の生活への感受性を体現した地方都市の見方，学校教育のあり方が模索されなければならない。

3　地方創生政策と学校教育への期待

　2014 年 5 月，日本創成会議は，人口流出や少子化が進み，存続できなくなる可能性が高い自治体を「消滅可能性都市」と名づけ，全国の市区町村のうち 49.8％が該当すると発表した。同年 9 月，「急速な少子高齢化の進展に的確に対応し，人口の減少に歯止めをかけるとともに，東京圏への人口の過度の集中を是正し，それぞれの地域で住みよい環境を確保して，

将来にわたって活力ある日本社会を維持していくこと」(「まち・ひと・し
ごと創生法」第1条）を目的に、「地方創生」が目指された（第2次安倍改
造内閣，2014年9月3日記者発表）。「日本の近代化過程で取り入れられた
ある一定の価値観」のもとでは都市も地方も持続不可能であり，ひいては
日本社会が持続不可能であるという認識が示されたといってよい。一連の
地方創生政策は，近代以降に形成されてきた，人的資源，エネルギー資源，
食糧など，あらゆるものを都市に供給する地方という格差の構造を大きく
変える可能性がある試みとして位置付けることができる。

　「まち・ひと・しごと創生法」の制定を期に，各地域がそれぞれの特徴
を活かした自律的で持続的な社会を創生するための模索が始まった。一連
の政策の特徴は，地域住民の自立性が求められている点にある。

　2016年，『地域の課題解決を目指す地域運営組織——その量的拡大と
質的向上に向けて　最終報告』（平成28年12月13日，地域の課題解決のた
めの地域運営組織に関する有識者会議）が出された。そこでは，住民福祉の
向上，雇用の確保のために過疎対策，山村振興対策などの政策が講じられ
てきているなかで，近年の傾向として，産業や生活の基礎的条件の改善に
よる地域整備に加え，地域の個性・資源を活かした自立的発展を目指す方
向にあることが述べられている。具体的には，住民が主体となって組織を
形成し，暮らしを支える様々な取組みが，持続的な地域づくりを行う上で
大きな役割を果たしていること，地域の課題解決に向けて，地域住民自身
が「自分たちができることは行政ではなく自分たちでやる」という当事者
意識をもつことが重要などと述べられている。そして，課題として，「活
動の担い手となる人材の不足」「リーダーとなる人材の不足」などがあげ
られた。

　この課題意識に応えるように，『「人材・組織の育成および関係人口に関
する検討会」中間報告』（人材・組織の育成及び関係人口に関する検討会，平
成31年4月）が出され，そのなかで，地方創生の取組みはこれを担う人
材の活躍によってはじめて実現されるため，地方創生を担う組織も含めた

「ひとづくり」が極めて重要な課題となることと指摘された。とりわけ，高等学校は地域人材の育成に極めて重要な役割を担っており，高等学校段階で地域の産業や文化等への理解を深めることは，将来的な地元定着やUターンにもつながることが明記されている。また，平成30年告示の学習指導要領においては，「社会に開かれた教育課程」が理念とされることから，高等学校と地域をつなぐコーディネーターの役割が今後重要であるとも述べられている。そして，地域に必要な人材を育成する観点から，高等学校の所在する市町村が学校運営の重要な意志決定に関わることが求められている。

4　持続可能な地域のあり方に向けた学校教育

　さて，江原［2003］は，国家によって提供・補助されるいわゆる「公教育」の拡充整備を自明の目的としてきた国家が，それを通じて国民の形成と統合およびマンパワーの養成と配置を図ったため，学校教育の成功や失敗をその面での成功や失敗に基づいて評価してきたという文脈の存在を指摘している。このとき，マンパワーとはすなわち，国家の発展に資する人材であり，1節の (3) 項でみたように，地方から東京へとためらわずに移動する人材のことであった。しかし，3節でみた，地域の課題解決に向けて，「自分たちができることは行政ではなく自分たちでやる」という当事者意識を持った人間を求めることや，将来的な地元定着やUターンにもつながる地域の産業や文化等への深い理解を持った人材を育成することは，そのような文脈にはないことが明らかである。
　樋田・樋田［2018］は，1960年代の高校教育は生徒の欲求と高校のニーズ，そして社会的要請の三者を満たすことが求められていた「三方良し」だったという。しかし今日では，社会的要請を地域社会と日本社会の2つに分け，生徒良し，高校良し，地域社会良し，日本社会良しの「四方

良し」が求められていると述べる。その変化の背景には，「上京」を織り込んだ「エリート」の物語が地域社会の衰退を招くこと，目指された「上京」後のライフスタイルが「人口減少を加速するライフスタイル」[樋田・樋田 2018：44] であることへの気づきがあった。これまで自明としてきた「上京」を織り込んだ立身出世物語に対する視点を転換することが求められているといえよう。

　本章では，「開発」された都市が人的資源，エネルギー資源，食糧を「未開」「周辺」の地方から吸い上げる構造を脱し，地方と都市が持続可能な形で存続すること，そのための学校教育のあり方を模索することが必要であると述べてきた。第3章で地域課題の解決にむけて，「地域力の向上 (community capacity building)」がめざされ，そのための学習は，これまでの社会のあり方を前提とするのではなく，地域社会の実態にねざし，地域の主体性，自立性にもとづく「人間性の復興」と持続可能な地域のあり方を探究するものでなければならないという主張を紹介した。また，都市に対する地方という二項対立的な位置づけを前提としたキャリアのあり方を見直し，地域社会の発展のなかに自らの生き方や働きかたを位置付けていくことを促す「高校魅力化」という動きについても紹介した。すでに本章の主張に基づく学校教育の模索は始まっているのである。

◆参考文献

赤坂憲雄・小熊英二・山内明美［2011］『「東北」再生』イースト・プレス.

江原裕美［2003］「二一世紀における教育の発展——人間解放を目指して」江原編『内発的発展と教育——人間主体の社会変革とNGOの地平』新評論，26-63ページ.

小熊英二［2011］「近代日本を超える構想力」赤坂憲雄・小熊英二・山内明美『「東北」再生』イースト・プレス，125-141ページ.

吉川徹［2001］『学歴社会のローカルトラック——地方からの大学進学』世界思想社.

人材・組織の育成及び関係人口に関する検討会［2019］「『人材・組織の育成及び

関係人口に関する検討会』中間報告」(https://www.kantei.go.jp /jp/singi/
sousei/meeting/kankeijinkou/r01-06-04chuukan.pdf) 最終閲覧日 2020 年 10
月 3 日.

竹内洋［1991］『立志・苦学・出世——受験生の社会史』講談社現代新書.

竹内洋［2005］『立身出世主義——近代日本のロマンと欲望』(増補版)世界思想
社.

地域の課題解決のための地域運営組織に関する有識者会議［2016］「地域の課題
解決を目指す地域運営組織——その量的拡大と質的向上に向けて　最終報告」
(https://www.cao.go.jp/regional_management/doc/effort/experts/final_
report.pdf) 最終閲覧日 2020 年 10 月 3 日.

内閣官房・内閣府総合サイト「みんなで育てる地域のチカラ　地方創生」(https://
www.kantei.go.jp/jp/singi/sousei/) 2020 年 3 月 23 日閲覧.

中村政則［1979］『近代日本地主制研究——資本主義と地主制』東京大学出版会.

樋田大二郎・樋田有一郎［2018］『人口減少社会と高校魅力化プロジェクト——
地域人材育成の教育社会学』明石書店.

樋田有一郎・寺崎里水［2018］「地域と学校の連携——中山間地域の高校魅力化
と地域人材育成」植上一希・寺崎里水編『わかる・役立つ教育学入門』大月書
店，147–158 ページ.

古厩忠夫［1997］『裏日本——近代日本を問いなおす』岩波書店.

まち・ひと・しごと創生法（平成二十六年法律第百三十六号）(https://www.cas.
go.jp/jp/houan/140929_1/houan_riyu.pdf) 最終閲覧日 2020 年 10 月 3 日.

本章は，法政大学キャリアデザイン学会『生涯学習とキャリアデザイン』
Vol. 17, No. 2（2020 年）に掲載されたものをもとに大幅に修正・加筆し
ました。

おわりに

　我々の研究チームは，ビデオレターを用いた異文化交流学習と，外国語教育理論である CLIL（内容言語統合型学習）を統合した教育実践をもとにアクション・リサーチをおこない，教育効果の検証と理論的整理を試みてきた。本書はそのうち，①福島県須賀川市の小学校における外国語活動，②同小学校とネパールの小学校のビデオレター交流実践，③福島県広野町の中学校における映像教育実践の３つのプロジェクトを中心に，政策的な背景の整理（Ⅰ部），教育学的な理論の整理，実践の報告（Ⅱ部，Ⅲ部）をまとめたものである。また，これらの理論および教育実践の背後には，SDGs（持続可能な開発目標）や MIL（Media Information Literacy）の重視，学力からリテラシーへの転換といった世界的な潮流の変化があり，本書ではそれらの理論的整理も行っている（同Ⅳ部）。

　これらの教育理論や実践のベースになるのは，地域と密着した学校教育のもとになされる自分たちの暮らす地域を知る活動である。地域の外に暮らす人たちに自分たちの地域のことを外国語や映像を用いて伝える活動は，教科の目標や地域の枠を越え，より大きな社会や知の体系とのつながりをつくる活動と評価できよう。その意味で，本書は地域創生の時代，かつグローバル化がすすむ時代の新しい教育実践のあり方を示している。

　2019 年末からの世界的な感染症拡大のなか，現地に足を運ぶかたちの国際交流が難しくなり，ICT を活用したオンラインでの交流へと，国際交流のあり方が一気に変化している。また，感染症に対する不安から，メディアにはさまざまな情報が流れ，大人も子どもも，大量の情報とどのように向き合えばいいのかも問われている。さらに，学校が休業になった影響で，授業のオンライン化の検討も急激に進んだ。それまで学校は，外部の

専門家の手を経ずに，自分たちが主体となって国際交流活動を取り仕切ったり，オンライン授業を企画したりする経験はほとんどなかったに違いない。外部からの急激な圧力によって，それまでのあり方の変更を迫られたとき，学校はどのようにうまく変化に適応していくのだろうか。本書に集録された原稿の多くは，これらの変化の前に執筆されたため，その影響の検討は今後の課題である。

　内輪の事情になるが，活動内容が多岐にわたり，関わるメンバーの専門領域も多様であるため，これまで，活動の全体像をうまく描き出すことができず，おそらく共有もできていなかった。本書も個別の研究者による各論の集合としての色合いが強く，それぞれの研究や活動の関連について有機的に説明できているとは言い難い。本書をきっかけに，全体像の共有や個別の役割の再認識が進み，活動が洗練され，よりよいかたちの研究に発展していくことを期待してほしい。

　研究および教育実践にあたっては，福島県内の多くの小学校・中学校の先生方，教育委員会，福島ユネスコ協会，一般社団法人リテラシー・ラボほか，多くの方々にご協力をいただき，また大変お世話になりました。ありがとうございました。

　本研究は JSPS 科研費 JP18K00888，JP25330420 の助成を受けたものです。

　　2021 年 1 月

　　　　　　　　　　　　　　執筆者を代表して　寺崎　里水

索引

著者紹介（執筆順）

坂本ひとみ（さかもと　ひとみ）　第1章，第4章
東洋学園大学グローバル・コミュニケーション学部教授（小学校英語教育）。主な業績に『アメリカ研究とジェンダー』（共著）世界思想社，1997年，『学びをつなぐ小学校外国語教育のCLIL実践』（共著）三修社，2019年，『小学校英語のためのスキルアップセミナー──理論と実践を往還する』（共著）開拓社，2019年がある。

滝沢麻由美（たきざわ　まゆみ）　第5章
東海大学・東洋学園大学非常勤講師（観光英語・児童英語教育）。NPO法人グローバルプロジェクト推進機構（JEARN）理事。主な業績に『英語で学ぼうオリンピック・パラリンピック　小学校から中学校初級──CLILによる国際理解教育として』（共著）子どもの未来社，2019年，『学びをつなぐ小学校外国語教育のCLIL実践──「知りたい」「伝え合いたい」「考えたい」を育てる』（執筆協力）三修社，2019年がある。

鹿又 悟（かのまた　さとる）　第7章
福島県須賀川市立白方小学校教諭。埼玉県で2年間講師を行い，東日本大震災の影響で福島枠として東京都の公立小学校で5年間勤務する。2017年度から福島県の小学校教諭となり，須賀川市立白方小学校で勤務し，今に至る。本校で長年研究しているESDに心惹かれ，地域に根差したESD・SDGs教育に関心を持った。2019年の日本ESD学会では，法政大学坂本旬教授と「福島から世界へ──英語とビデオレターを活用した異文化交流」を発表。その他にも，地域児童教育研究会代表理事，特定非営利活動法人OYAKODOふくしまに所属している。

千葉偉才也（ちば　いざや）　第8章，第9章
一般社団法人リテラシー・ラボ代表理事。早稲田大学次世代ジャーナリズム・メディア研究所招聘研究員。メディア・リテラシー能力の向上を目的として，学校現場に入り，地域を題材にした映像制作教育の実践を行っている。とりわけ福島県においては，復興支援の一環として被災自治体の学校教育や社会教育に携わり，積極的に教育実践と研究活動に取り組んでいる。

村上郷子（むらかみ　きょうこ）　第10章，第12章
法政大学キャリアデザイン学部兼任講師（メディア情報リテラシー）。主な業績に "A pilot study of collaborative learning and intercultural understanding between Japanese and Chinese Junior High School Students", UNESCO, MILID, Yearbook 2016; "Media literacy and social activism", Renee Hobbs, Paul Mihailidis (eds.), *The International Encyclopedia of Media Literacy*, 2 Volume Set, Wiley-Blackwell, 2019;「メディア情報リテラシーにおける協働学習の自己評価──リーダーシップ，コミュニケーションスキル，シチズンシップの観点から」『メディア情報リテラシー研究』第2巻第1号，2020年がある。

長岡智寿子（ながおか　ちずこ）　第11章
田園調布学園大学人間科学部心理学科准教授（生涯学習論，成人教育論，開発途上国のノンフォーマル教育）。主な業績に『ジェンダーと国際教育開発──課題と挑戦』（共編著）福村出版，2012年，『ネパール女性の社会参加と識字教育──生活世界に基づいた学びの実践』明石書店，2018年，『生涯学習のグローバルな展開──ユネスコ国際成人教育会議がつなぐSDG4の達成』（共編著）東洋館出版社，2020年がある。

編著者紹介

寺崎里水（てらさき　さとみ）　第3章，第13章，あとがき
法政大学キャリアデザイン学部教授（教育社会学）。主な業績に寺崎里水・植上一希編著『わかる・役立つ教育学入門』大月書店，2018年，「第2章 地方都市出身の若者のトランジション――JELS調査でみる高卒後10年」耳塚寛明・中西祐子・上田智子編著『平等の教育社会学』勁草書房，2019年，「第5章 変容する青年期」日本児童研究所監修『児童心理学の進歩 2020年版59巻』金子書房，2020年がある。

坂本　旬（さかもと　じゅん）　はしがき，第2章，第6章
法政大学キャリアデザイン学部教授（メディア情報教育学）。主な業績に『デジタルキッズ　ネット社会の子育て』旬報社，2007年，『メディア・リテラシー教育の挑戦』（共著）アドバンテージサーバー，2009年，『メディア情報教育学　異文化対話のリテラシー』法政大学出版局，2014年，『大学における多文化体験学習への挑戦　国内と海外を結ぶ体験的学びの可視化を支援する』（共著）ナカニシヤ出版，2018年，『デジタル・シティズンシップ――コンピュータ1人1台時代の善き使い手をめざす学び』（共著）大月書店，2020年がある。

地域と世界をつなぐSDGsの教育学

2021年2月15日　初版第1刷発行

編著者　寺崎里水／坂本旬
発行所　一般財団法人 法政大学出版局
　　　　〒102-0071 東京都千代田区富士見2-17-1
　　　　電話 03（5214）5540　振替 00160-6-95814
印刷：平文社，製本：根本製本
装幀：奥定泰之

ISBN 978-4-588-68610-8